인생운전

# 안전
# 신호등

# 인생운전 안전신호등

발행일    2015년 5월 12일

지은이    김 종 억
펴낸이    손 형 국
펴낸곳    (주)북랩
편집인    선일영                    편집    이소현, 이탄석, 김아름
디자인    이현수, 윤미리내, 최연실        제작    박기성, 황동현, 구성우
마케팅    김회란, 박진관, 이희정
출판등록    2004. 12. 1(제2012-000051호)
주소    서울시 금천구 가산디지털 1로 168, 우림라이온스밸리 B동 B113, 114호
홈페이지    www.book.co.kr
전화번호    (02)2026-5777                    팩스    (02)2026-5747

ISBN    979-11-5585-586-7 03330(종이책)  979-11-5585-587-4 05330(전자책)

이 도서의 국립중앙도서관 출판예정도서목록(CIP)은 서지정보유통지원시스템 홈페이지(http://seoji.nl.go.kr)와
국가자료공동목록시스템(http://www.nl.go.kr/kolisnet)에서 이용하실 수 있습니다.
( CIP제어번호 : CIP2015013157)

# 인생운전
# 안전
# 신호등

김종억 지음

행복한 안전운전
105가지 규칙

STOP

북랩 book Lab

우리가 살아가는 일상에서 그저 무심코 지나치는 시간이 모여 하루가 되고 그 하루가 한 달, 일 년이라는 세월을 만들어냅니다.

유년 시절 어렵고 힘든 환경에서 삶의 희망을 잃지 않고 산업 전선에서 용접공으로 일하던 제가 주경야독으로 늦게 용인시 공직자로 첫발을 내딛고 달려온 시간들이 엊그제 같은데, 30년이 넘어 마무리할 단계가 되었음을 생각하니 세월의 흐름에 격세지감을 느끼게 됩니다. 공직생활 중 꿈꾸어왔던 사무관 승진을 하고 되돌아보니 스스로를 위해 최고가 되기보다 공직생활에 나름대로 최선을 다해온 제 자신이 자랑스럽습니다.

초등학교 졸업장 하나로 15살의 어린 나이에 사회생활을 시작했다가 학력의 벽을 실감하고, 중·고등학교 과정을 검정고시로 패스한 후 29세의 늦은 나이에 지방공무원으로 출발했던 제가 대학원 과정에서 교통공학을 전공하고 박사 과정을 수료한 것은 공직생활 가운데 이루어낸 나름대로의 큰 성과 중 하나였습니다.

그간 교통이라는 학문에 대해서는 생각해본 적도 없었던 생무지가 교통공학을 공부한다는 것이 처음에는 무척이나 망설여졌지만,

교수님들께서 교통에는 공학적 측면만이 아니라 실용적이며 철학적인 측면도 있으니 도전해보라고 용기를 주신 덕에 교통 관련 학문을 선택했습니다. 세월이 한참 지나고 보니 참으로 잘했다는 생각이 듭니다.

주위 모든 분들의 관심과 배려 속에서 교통 관련 분야 학문을 공부한 사람으로 부족하고 미흡한 점이 많지만, 국민 두 사람이 한 대의 차를 소유하고 있는 2,000만 마이카 시대에 이제 자동차는 일상생활에서 없어서는 안 되는 필수품이 되었기에 자동차를 운전하는 분들께 작은 도움이라도 되었으면 하는 마음으로 이 책을 내게 되었습니다.

이 책이 나오기까지 인생의 동반자이자 친구로서 묵묵히 옆을 지켜준 아내 영숙 씨와 항상 변함없는 응원을 주시면서 지역 주민들에게 무료 법률 상담을 해주시는 동천법률사무소 김용숙 소장님, 기업 경영의 어려움 속에서도 지역 발전에 남다른 열정을 보이고 있는 한국샤프엔지니어링 이완봉 대표님에게 고마움을 전합니다.

특히 졸고를 다듬어 틀을 만들어주시고 추천의 글까지 보내주신 동천법률사무소 이기섭 대표 변호사님과 책을 집필하고 출간하기까지 틈틈이 옆에서 도움을 준 박상후 팀장을 비롯한 직원들, 오타 등 교정을 도와준 최광영 실무관에게 지면으로 감사한 마음을 전합니다.

2015년 행복한 가정의 달 5월에
김 종 억

5

## 추천의 글

오늘날 자동차는 우리의 일상생활에서 필요불가결한 문명의 이기 (利器)가 되었습니다.

직장인이나 학생, 가정주부를 막론하고 스스로 자동차를 운전하 거나 타인이 운전하는 자동차에 탑승하여 일상생활을 영위하고 있 습니다. 그중에서도 특히 자가운전을 하는 일반 직장인들에게는 자 동차가 일상의 동반자처럼 되었다고 말해도 좋을 것입니다.

하지만 문명의 이기이자 일상의 동반자인 자동차가 때로는 사람 의 신체나 생명을 침해하고 재물을 손괴하는 난폭한 흉기로 돌변 할 수 있음을 우리는 경험으로 잘 알고 있습니다.

이 책은 저자가 용인시의 공직자로 재직하면서 평소 우리의 자동 차 문화에 대해 보고 느낀 점과 대학원 박사과정을 이수하면서 이 론적으로 탐구한 바를 단문 형식으로 적은 글들입니다. 저자는 특 히 자가운전을 하는 일반 직장인들을 염려하여 그 안전운전에 특별 히 관심을 기울이고 있습니다. 안전운전의 내용이나 중요성은 운전 자들이 이미 대부분 알고 있는 사항들입니다. 다만, 알고 있으면서 도 실제 운전에 임할 때는 실행하지 않으므로 저자는 그 점을 반복

해서 지적하고 있는 것이며, 단적인 예로 음주운전의 위험성과 그 결과의 참혹성을 거듭 경고하고 있는 것입니다.

저자는 어린 시절 불우한 환경으로 인하여 겨우 국민학교(지금의 초등학교)만을 정규로 마쳤고, 중학교 및 고등학교 과정은 독학으로 검정고시를 통과하였으며, 대학과 대학원 과정은 공직생활을 하면서 교통공학을 전공하여 박사과정까지 수료하였습니다. 가히 용인 지역의 입지전적 인물이라고 말할 수 있을 것입니다.

끝으로, 저자가 공직생활을 마무리하면서 여러 가지 어려움 속에서도 우리 사회의 교통문화 발전과 교통사고 예방에 일조하고자 이 책을 펴낸 데 대하여 심심한 찬사를 보내면서, 일반 직장의 자가운전자들과 그 밖의 관심 있는 분들에게 감히 일독을 권하는 바입니다.

2015년 5월
동천법률사무소
대표변호사 이 기 섭

# 목 차

## 1장  교통사고 예방은 행복의 바로미터

# 2장 자동차 운전, 이것만 알고 해도 안전하다

# 3장  교통사고 발생 시 대처 방법과 책임의 범위

# 4장   음주운전은 예고된 황천길이다

# 5장    술에 대한 오해와 진실

# 6장    부록

1장
교통사고 예방은
행복의 바로미터

# 1.

## 이제 운전은 사회생활의 필수과목

18세기 중엽 영국에서 시작된 산업혁명은 새로운 패러다임으로 기술혁신을 통해 사회·경제 구조를 변화시키고 농업 중심 사회에서 공업 사회로의 이행을 주도했다.

산업혁명은 인류사에 새로운 문명을 한 단계 더 발전시키는 계기가 되었지만, 근본적으로는 공업화를 통해 물질적 재화 생산에 무생물적 자원을 광범하게 이용하는 조직적 경제 과정이라고 할 수 있다. 이러한 산업혁명은 교통수단의 발달도 가져오는 결과가 되었다.

산업혁명 이전에도 이미 발명가들은 말의 힘을 빌리지 않고 자체의 힘으로 움직일 수 있는 '말 없는 수레'를 꿈꾸었다. 즉 산업혁명은 A.토인비가 말한 바와 같이 '격변적이고 격렬한 현상이 아니라 그 이전부터 시작된 점진적이고 연속적인 기술혁신의 과정'이라고

인생운전 안전신호등

보는 것이 지배적이다.

18세기 후반 유럽에서 증기의 힘으로 작동하는 엔진을 개발·발전시킴에 따라, 인간의 힘이나 동물을 이용했던 운송수단은 점차 자체적인 동력을 이용하는 자동차로서의 변화를 겪게 된다.

한국에 처음 상륙한 자동차는 미국 공사를 통해 들어온 포드 자동차로, 1903년 고종 즉위 40년을 기념하는 칭경식 때 고종에게 바쳐진 것으로 역사에 기록되고 있으나 이듬해 러·일 전쟁 중 자취를 감추고 말았다.

그러나 1903년 이전에 이미 서울에 자동차가 있었다는 그림이나 사진이 있는 것으로 보아 1890년 후반 서양 문물과 함께 들어온 것이 아닌가 추측된다.

자동차는 이후 황실용 2대와 총독부 1대가 도입되어 1911년 우리나라 보유대수는 3대가 되었고, 이후 부유층의 자가용과 운수사업용으로 소수 들여오던 것이 판매 및 서비스 회사까지 생겨나 1945년 7,386대로 늘어나면서 광복을 맞았다.

국토교통부 공식블로그에 의하면 2014년 12월 말 현재 우리나라 자동차 누적등록대수는 2,012만 대가 넘었고, 이는 국민 3명당 1대의 차를 보유하고 있는 셈이다. 세월의 변화에 따른 자동차 보유대수만으로 볼 때 우리 대한민국이 선진국에 진입하였음을 알 수 있다.

이처럼 자동차 수의 증가에 따라 현대의 자동차 문화 또한 중요한 생활방식으로 자리매김했다. 자동차가 부와 사회적 자기과시의 시대를 지나 일상생활과 밀접한 관계를 맺게 되면서 집을 소유하기보다 우선적으로 자동차를 택하는 시대로 발전했다.

이제 자동차는 생활수단으로서 사업가나 직장인 등 어떤 직업도 자동차가 없으면 활동하기에 큰 불편을 겪어야 한다. 경찰청 자료에 의하면 2014년 6월 기준 우리 국민의 자동차 운전면허증 소지자는 모두 2,917만 명을 넘어섰다. 국민 2명 중 1명이 운전면허증을 소지하고 있는 셈이다.

이는 과거 운전면허를 소지한 사람이 대단한 기술자로 보이던 것과 달리, 현대 사회에서 자동차 운전면허가 기술면허가 아닌 생활인의 필수품이라는 사실을 보여주는 결과라고 생각할 때 격세지감을 느끼게 한다.


## 우리나라 최초 운전면허증

보통 사람들은 처음 시작하는 일에 대해 기대를 가지고 가슴 설레거나 그 일을 잘해낼 수 있을까 하는 막연한 불안감에 안절부절 못하게 된다. 그러나 아무도 하지 않은 일을 자신이 처음 시도해서 목적하는 바를 성취하면 진정한 자신감을 얻게 된다.

그래서 우리는 무슨 일이든 처음 시도해서 최초로 뜻을 이룬 사람에게 아낌없는 찬사를 보내는 것이다. 그러나 결코 처음 시도한 일이 실패했다고 해서 좌절하거나 실망할 필요는 없다. 우리는 그 실패 속에서 새로운 경험을 얻게 되기 때문이다.

지금은 마이카 시대가 되어 너 나 할 것 없이 웬만한 사람들은 운전면허증을 소지하고 있다. 이 많은 사람이 소지하고 있는 운전면허증을 우리나라에서 최초로 취득한 사람은 서울에 사는 이용문이라는 사람이다.

1913년 서울 낙산 부자 이봉래와 일본 청년 곤도, 그리고 장사꾼 오리이 3인이 합자해 20만 원으로 첫 자동차 회사를 세웠으나 운전사가 없었다. 1913년 당시의 상황은 1876년 강화도 조약에 따른 개항 이후, 1910년 8월 29일 경술국치로 인해 식민지로 전락하여 일제 치하에 있던 시절이었다.

나라를 빼앗긴 일제강점기 아래 먹고사는 문제만으로도 힘든 시절이었고 더구나 당시 운송 수단에서 자동차는 일반화되지 않았었다. 이들은 생각 끝에 용산에 최초의 자동차 학원을 세워 학생들을 모집했으나 응시자가 없어 월급을 주고 성적이 우수하면 보너스까지 주겠다는 조건으로 겨우 10명이 들어왔다. 이들 중 유일한 한국 사람인 이봉래의 아들 이용문이 운전을 배워 우리나라 운전면허 보유자 1호가 되었다.

교습소 수료증으로 운전면허를 대신했으며, 운전면허시험은 1915년부터 경찰이 필기시험만 실시하여 합격자에게 '자동차 운전수 감찰'이라는 마패 같은 것을 주어 반드시 가지고 다니게 했다. 학과와

실기시험, 그리고 사진이 붙은 면허증은 1919년부터 생겨났다.

암울한 시기를 지나 우리 대한민국은 한강의 기적을 이루고 세계가 부러워하는 나라가 되었다. 거리 어디를 가나 자동차가 넘쳐나는 나라가 되었고 운전면허증은 이제 자랑거리가 아닌 현대인이라면 소지하고 있어야 하는 필수품이 되었다. 그러나 아직도 우리는 최초를 기억하고 부러워한다.


## 올바른 교통문화가 경쟁력이 되는 시대

2011년 현재 우리나라의 도로율은 20.72%로 선진국의 30~40%에 비하면 자동차로 달릴 수 있는 도로가 협소한 실정이다. 그렇다고 왕복 4차 고속도로 1㎞를 연장하는 데 약 300억 원대의 막대한 비용이 발생하기 때문에, 도로를 넓히고 도로율을 높이기에는 녹록지 않은 것이 현실이다.

무엇보다도 차량의 홍수 속에 비좁은 도로에서 발생하는 교통사고는 2013년 한 해 동안 21만5천여 건이 발생하여 32만8천 명이 부상했고 5,092명이 사망했다. 이는 하루 평균 590건이 발생, 매일 14명이 죽고 900명이 다친 것이다(출처: 통계청, 경찰청 교통경찰업무관리 시스템).

한정된 도로에 무제한 증차로 악화일로에 있는 우리나라 교통사정은 위험 수위를 넘어 중대한 국면을 맞고 있는 셈이다. 지금 이 순간에도 수많은 사람이 네 바퀴에 생명을 걸고 신호 위반, 과속, 끼어들기 등을 아무렇지 않게 자행하고 있다.

자동차 보유대수만으로는 선진국이지만 교통문화는 후진국을 면치 못하고 있는 현시점에서 인간의 생명을 우선시하는 올바른 교통문화의 정립이야말로 각자의 삶의 경쟁력임을 알아야겠다.


## 교통질서는 사회질서의 바로미터

갈수록 복잡 다양해지는 사회 구조 속에서 교통수단으로 인한 사람 간의 갈등은 날로 급증하고 있다. 우리는 차량을 이용한 계획적인 범죄 못지않게 사소한 교통질서를 외면함으로써 생명을 위협받는 시대에 살고 있다. 2010년에 5,015명이 교통사고로 사망했고, 2011년에는 4,723명이 사망하여 2010년과 비교할 때 6% 감소했다.

사고로 인한 사망자 수의 감소가 운전자의 의식 수준에서 기인한 것으로 생각할 수도 있지만, 아직도 여전히 대부분의 운전자는 교통질서를 지키면 손해라는 생각을 갖고 있다.

2011년에 사망자 수가 감소한 원인은 첫째, 교통량과 사고가 많은 교차로에 교통단속카메라를 선진국 수준인 5,168대까지 설치하고 신호·과속 장비를 교차로에 집중 배치했으며, 둘째, 무단횡단을 할 수 없도록 간이 중앙분리대를 확대 설치했기 때문이다.

이는 보행자의 무단횡단 중 발생하는 사고를 방지하는 효과를 거뒀는데, 보행자 교통사고 중 15%가 무단횡단으로 발생하고 이 중 25%가 사망하게 되는 점을 감안한다면 큰 결실이 분명하다.

마지막으로 일반인에 비해 교통사고에 취약한 어린이와 노인 보행자 사고 예방을 위한 교통안전교육을 확대하고 지속적으로 홍보함으로써 교통사고로 인한 사망률을 낮추는 결과를 가져왔다.

한민족의 흥망성쇠가 반드시 산업경제의 발전 여하에만 달려있는 것은 아니다. 우리나라의 경제는 선진국 수준으로 도약했지만, 통계청에 따르면 2012년 현재 인구 10만 명당 교통사고 사망자 수는 10.8명으로 미국(10.7명), 폴란드(9.2명), 그리스(9.1명), 체코(7.1명), 벨기에(6.9명) 등 경제협력개발기구(OECD) 회원국의 평균 6.9명을 훨씬 상회하여 20년 넘게 부동의 1위를 지킴으로써 교통 분야에서는 여전히 하위권을 맴돌고 있다.

이제는 적당히 자기만 생각하는 요령주의로 질서를 무시하는 운전 행태는 버려야 한다. 운전하는 사람들은 공공사회질서를 세워나가는 선구자적 긍지와 보람으로 올바른 교통질서를 실천해 나가야 한다.

운전자 개인의 교통질서에 대한 확고한 의식수준이 바로 서야 사회 질서도 바로 설 수 있고 이는 곧 사회 구성원 전체에 영향을 미친다. 질서는 근본적으로 그 사회의 안정을 뜻하고, 안정된 사회생활은 곧 사회문화의 발전과 직결되는 것이므로 운전자는 지역사회의 문화를 창조해 나가는 일꾼임을 자각해야 한다.

운전자 개인이 지키는 질서는 자신뿐만 아니라 모두에게 이로움이 되어 사회정의를 구현하는 데 일조한다. '나 하나쯤은 안 지켜도 별 문제없겠지' 하는 안일한 인식의 틀에서 벗어나 교통질서를 지키는 일을 귀찮다고 외면하지 않고 솔선하여 실천해 나간다면, 이런 기틀이 토대가 되어 더불어 사는 우리 사회 구석구석까지 질서의 조화를 이루게 된다.

역사는 국민의 질서의식이 그 민족의 흥망을 좌우했다는 교훈을 우리에게 주고 있다. 자신은 지키지 않으면서 남에게만 요구하는 그릇된 이기심을 버리고, 스스로 교통질서를 확실하게 지킨다면 교통사고로 인한 경제적 손실과 귀중한 생명을 잃는 일이 없어지게 될 것이다.


## 양보는 사고를 예방하는 첫걸음

평소 행동에 절제가 있고 얌전한데도 운전대만 잡으면 돌변하는 사람이 있다. 촌각을 다투는 일이 없음에도 눈앞에 있는 도로가 마치 자신이 놀던 놀이터인 양 종횡무진한다.

그럼에도 지금껏 접촉사고 한번 나지 않고 흔히 말하는 딱지 한

번 안 끊기고 고지서 한번 받아본 적 없다고 하니 요술도 그런 요술이 없다. 하지만 자만심은 언젠가 자기 자신을 사고로 이끌 시한폭탄임이 자명하다 할 것이다.

난폭운전은 본인에겐 스릴과 즐거움이 될지 모르지만 타인에게는 엄청난 공포와 스트레스를 주게 된다. 이런 사람들 때문에 방어운전이라는 용어가 생겨난 것이다. 한 운전자가 양보하지 않는 운전을 하면 그 영향은 다른 운전자에게도 미쳐 전반적인 운전 풍토를 흐려놓게 된다.

무엇보다도 운전자는 양보를 최선의 미덕으로 삼아야 한다. 교통사고의 주요 원인이 되는 과속을 하거나, 다른 차 앞에 갑자기 끼어들거나, 급제동을 하는 등의 비신사적인 운전은 타인을 배려할 줄 모르고 자신만을 생각하는 이기적인 마음에서 나온다. 운전자가 서로 양보만 잘해도 사고를 어느 정도 예방할 수 있다는 사실은 우리에게 시사하는 바가 크다.


## 운전 중 스마트폰 사용은 사고 요인


현대인에게 스마트폰은 자신의 분신과 같은 존재가 되었다. 이제 일상생활 속에서 스마트폰은 단순히 전화와 메시지를 주고받는 소통의 편리함을 넘어 이메일·실시간 뉴스 확인, 음악·스포츠·영화 감상, 동영상 촬영 및 감상을 즐기는 등 다용도로 활용되고 있다.

문제는 자동차를 운전하면서 스마트폰으로 메시지를 보내거나 통화를 하다가 예기치 못한 사고로 이어진다는 점에서 스마트폰 기기의 편리함이 대중교통과 사람이 결합된 시한폭탄으로 만들어진다는 사실에 있다.

교통안전공단 등에 따르면 평상시 120~150도 범위를 볼 수 있는 사람의 시야는 스마트폰을 보면서 걸을 때는 20도 이내로 줄어들고, 음악을 들으며 걸을 때는 자동차나 자전거 경적을 인지하는 거리가 절반 이상 짧아지며, 스마트폰을 쓰며 걷는 보행자는 사고를 당할 위험이 75%나 증가한다고 한다. 또한 운전 중 전화를 걸 때 사고 위험이 2.8배 증가하고, 문자 메시지를 주고받을 때는 위험이 23.2배 높아지는 것으로 나타났다. 운전 중 문자 메시지는 음주운전을 할 때보다 6배 이상 위험하다는 사실을 알아야 한다.

순간의 편리함 때문에 안전 의식이 사라지고 교통사고로 이어지는 현실을 볼 때 운전자는 스마트폰 사용에 주의를 기울여야 한다.

2009년부터 올 2015년 7월까지 발생한 전국 고속도로 교통사고 가운데 운전자가 한눈을 팔아 발생한 교통사고는 총 3,071건으로 과속(2,892건), 졸음운전(2,783건)보다도 많았다.

2010년까지 300건대를 유지하던 '전방 주시 태만' 사고는 2011~2013년 연평균 721건으로 갑절 넘게 늘었는데, 이와 같이 사고가 급증한 시기는 국내에 스마트폰이 도입·보급된 것과 무관하지 않음을 알 수 있다.

지난 2014년 7월 22일 발생한 태백~문곡역 사이의 열차 정면 추돌 사고로 70대 여성 1명이 숨지고 91명의 중경상자가 발생했다. 이 사고 역시 스마트폰 문자 메시지 사용으로 인해 발생한 것으로 드러났다.

검찰 조사 결과 열차 기관사 신모 씨는 운전 경력 20년 9개월의 베테랑으로 위기 대응 능력을 겸비한 기관사라고 한다. 사고 당해년 초반부터 신 씨는 열차 운행 중 134차례나 휴대전화를 사용한 것으로 드러났다. 오랜 경력을 가지고 있다고 한들 안전의식이 부재한 상황에서는 속수무책일 수밖에 없다.

스마트폰의 보급률이 70%에 육박하며 세계 속의 IT 강국이라는 우리나라가 더 이상 스마트폰으로 인하여 교통사고가 가장 많이 발생하는 나라가 되어서는 안 될 것이다. 오늘도 우리 생활의 편리함을 추구하는 기기가 어떻게 사용하느냐에 따라 득과 실이 되는지 생각해야 한다.

| 운전 중 행동별 위험 순위 | 자전거 경적이 보행자 귀에 들리는 거리 | 시속 약 110km 달리다 급브레이크 밟기까지 걸리는 시간 |
|---|---|---|
| 1위 문자메시지 송수신 ▶ 사고 위험 증가 23.2배 | 스마트폰 사용하지 않을 때 ▶ 14.4m | 운전에만 집중할 때 ▶ 0.54초 |
| 2위 전화 걸기 ▶ 사고 위험 증가 2.8배 | 문자메시지 송수신, 게임할 때 ▶ 14.4m | 혈중알코올농도 0.08% 운전자 ▶ 1.2m 더 간 뒤 반응 |
| 3위 음성 통화 ▶ 사고 위험 증가 1.3배 | 이어폰 꽂고 음악 들을 때 ▶ 14.4m | 이메일 확인할 때 ▶ 11m 더 간 뒤 반응 |
| | | 메시지 보낼 때 ▶ 21.3m 더 간 뒤 반응 |

(출처: 도로교통공단)

## 안전운전 이행으로 아이들 살린다

1세에서 13세 사이의 아동에게 일어나는 교통사고를 어린이 교통 사고라고 한다. 이 중 유아에 속하는 1세부터 6세까지는 그나마 부모로부터 돌봄을 받아 각종 사고로부터 보호를 받을 수 있는 여력이 많지만, 이 역시 안전사고로부터 100% 벗어날 수는 없다. 왜냐하면 사고는 언제 어느 때일지 예측할 수 없는 상황에서 수시로 발생하기 때문이다.

어린이들은 그야말로 어디로 튈지 모르는 럭비공과 같은 존재들이다. 자신들이 지금 어떤 위험에 처해 있는지 또 처해질지 생각할 겨를도 없이 마음대로 행동한다. 결국은 이러한 무분별한 행동들이 각종 사고로 연결된다.

이러한 안전사고 중에 문제가 되는 것이 어린이 교통사고다. 정부나 지자체에서 어린이들을 보호하기 위하여 다양한 정책을 펼치고 있음에도 여전히 교통사고로 목숨을 잃거나 부상을 당하는 어린이들이 줄지 않고 있는데, 그 사고의 주된 원인이 운전자 안전 위반인 것으로 나타나고 있다. 자나 깨나 불조심도 중요하지만, 운전을 하는 사람들은 운전석에 앉는 그 순간부터 안전운전을 위해 기도할 일이다.

## 교통안전은 행복의 출발점

뜻하지 않은 교통사고로 인하여 졸지에 사랑하는 가족이나 친지를 잃고 고통을 겪는 사람들이 우리 주변에 의외로 많다. 혹자는 죽는 것도 하늘의 뜻이고 그 사람의 팔자요 운명이라고 하는 말로 위안을 삼기도 한다.

그러나 예기치 못한 죽음 앞에서는 누구나 망연자실할 수밖에 없다. 무엇보다도 현대 생활에 필수가 된 자동차를 운행하던 중 자신이나 타인의 부주의로 인한 사고로 생명을 잃거나 부상을 당해 장애인으로 평생을 살아가야 하는 것은 인생의 큰 고통이라고 할 수 있다.

그동안 눈부신 성장 속에서 우리 대한민국의 격이 높아진 것은 사실이나 교통안전은 최악이라고 하는 사실이 부끄럽다. 2012년 11월 OECD가 발표한 국제 교통사고 자료를 보면, 우리나라는 자동차 1만 대당 사망자가 2.6명으로 조사한 32개국 중 31위, 인구 10만 명당 사망자는 11.3명으로 꼴찌였다. 매년 교통사고로 5,000명이 넘는 귀중한 생명이 목숨을 잃고, 160만 명 이상이 부상당하고 있는 현실이 실로 안타깝다. 그동안 정부나 지자체는 물론 교통 관련 단체에서 교통사고 줄이기 캠페인을 지속적으로 해왔지만 작년에는 교통사고로 사망한 사람이 오히려 130명가량 증가했다.

이는 보험회사가 산출해낸 근거자료로 교통안전에 대한 특단의 대책이 필요함을 역설적으로 나타낸다. 우리나라도 이제 프랑스처럼 교통사고와의 전쟁을 선포해야 한다는 생각이 든다. 프랑스는 2002년도 시라크 대통령 취임과 함께 교통안전을 국정 3대 지표로 정하면서 "임기 중 교통사고를 절반으로 줄이겠다"고 공약했다.

공약 실천을 위해 대통령 직속으로 교통안전협의체를 만들어 강력한 교통안전 정책을 펼쳐나간 결과, 2001년 8,160명이었던 사망자가 임기 마지막 해인 2006년에는 42% 감소한 4,709명으로 줄었다.

우리나라도 새로운 정부에서 교통안전을 통해 국민의 생명과 재산을 지키는 것이 복지의 기초이자 행복의 기본 조건임을 인식하고 교통사고를 사회악으로 규정해서 추방 운동을 벌였으면 한다. 정부의 정책에 우선해서 우리 국민 개개인이 이기심을 버리고 작은 교통안전 수칙부터 실천해야 교통사고의 공포로부터 운전하는 모든 사람이 자유로워지고 행복한 교통문화가 정착될 것이다.


## 적정속도 준수는 안전과 행복의 척도

무엇이 그리 바쁜 걸까? 운전을 하다 보면 숨 돌릴 틈 없이 경적을 울리고 운행 중인 차량 사이로 곡예운전을 하며 내달리는 운전자들을 볼 때가 많다. 필자 역시 아내는 물론이고 지인들로부터 난폭운전을 한다고 가끔 핀잔을 들을 때가 있기에 한편으로 이해하면서도 "저건 해도 너무하는 것 아닌가?" 하는 생각을 할 때가 종 종 있다.

지금도 잘못된 운전 습관으로 급하지도 않은데 제한속도를 위반해서 과속운전을 할 때가 있는데 자동으로 과속 측정 카메라 앞에서만은 제한속도를 준수하는 몰염치한 행동을 하게 된다. 참으로 습관화된 행동이 쉽게 고쳐지지 않음을 실감하게 된다.

제한속도를 준수하지 않으면 사고 시에 적절하게 대응하지 못할 뿐만 아니라 생명을 잃는 대형사고의 원인이 된다.

지난해 발표에 의하면 한국의 인구 10만 명당 보행 중 교통사고 사망자 수는 2011년 기준 4.1명으로 경제협력개발기구 국가 가운데 가장 많고, 전체 교통사고 사망자 대비 보행 중 사망자 비율도 39.1%로 경제협력개발기구 국가 가운데 가장 높은 것으로 나타났다.

이런 보행사고는 도로 폭이 12m 이하인 생활도로에서 특히 많이 발생하여 2012년 한 해 동안 교통사고로 목숨을 잃는 5,392명 중 72%(3,866명)가 12m 이하 도로에서 발생한 사고로 숨졌다. 교통사고로 인한 부상자 34만4,565명 중 69%(23만8,548명) 역시 12m 이하 생활도로에서 사고를 당했다. 이는 12m 이상의 도로에서는 보행자 중심보다는 차량 중심으로 보행자의 접근성이 용이하지 않는 점도 있겠으나 운전자의 잘못된 운전 습관과 국민 개개인의 안전의식 불감증도 한몫을 했다고 볼 수 있다.

보행자가 신호에 의하여 횡단보도를 건너는 순간 과속 돌진한 차량으로 인한 인명 피해 사고, 12m 이하의 생활도로에서 무단횡단으로 사망하는 사례 등을 볼 때 운전자나 보행자는 교통안전 의무를 준수하는 것이 얼마나 중요한 것인지를 알게 된다.

특히 운전자는 가는 길의 목적지가 저승이 아니라면 자신과 타인을 위해서 제한속도를 무시하지 말고 액셀러레이터를 조심해서 밟아야겠다. 필자 역시 이 순간에도 성공이라는 목표를 가지고 인생의 액셀러레이터를 무조건 밟고 있지는 않은지 조심스럽게 되돌아보게 된다.


## 눈 딱 감고 한 번만은 이제 그만


운전하는 사람이라면 한 번쯤 교통법규를 준수하지 않아 경찰관으로부터 일명 딱지를 떼인 경험이 있을 것이다. 필자 역시도 그중 한 사람에 속한다. 단속에 걸렸을 때 처음부터 순순히 잘못을 시인하는 사람은 드물다. 처음에는 위반한 게 없다고 버티다가 안 될 성 싶으면 그때야 잘못을 시인하고 한 번만 선처해달라고 애원한다.

그러고는 벌점이 없거나 약한 벌금을 내는 딱지를 떼어달라고 하는 게 보통 사람들의 행동이다. 이러한 성향은 우리나라에 오래전부터 관행처럼 내려왔다. 우리나라 사람들은 자신이 법규를 위반했을 때에도 정상적인 방법보다는 감정에 호소하는 경향이 많다. 그리고 단속 경찰관 역시 웬만하면 들어주려고 한다.

하지만 신사의 나라로 잘 알려진 영국은 다르다. 윈스턴 처칠 수상이 어느 날 전용차를 타고 의사당을 향하던 중 회의 시간이 임박해서 신호 위반을 했다. 교통경찰은 처칠이 탄 차를 정차시켰고, 처칠의 운전사는 "지금 이 차에 수상 각하가 타고 계신다네. 회의 시간이 임박해서 그러니 어서 보내주게."라고 말했다. 하지만 교통경찰은 "설혹 수상 각하가 타고 있는 차라 해도 교통 신호를 위반했으면 딱지를 떼어야지 예외는 있을 수 없습니다."라고 말하며 규정대로 교통 위반 스티커를 발부했다.

자신의 책무를 다한 교통경찰에 대하여 처칠은 그날 런던 경시청장에게 특진을 지시했지만, 경시청장은 "교통법규를 위반한 사람에게 딱지를 뗀 것은 교통경찰로서 당연한 일을 한 것이며 특진을 시켜주라는 조항은 없습니다."라며 일언지하로 거절했다.

과연 우리나라였다면 이것이 가능했을까? 역시 선진국은 뭐가 달라도 다르다는 느낌이 드는 일화다. 우리 사회가 많이 달라졌다고는 하지만 우리 모두가 지켜야 할 사소한 법 앞에서 잠시 눈을 감은 적은 없는지 되돌아보자. 자신의 이익이나 편익을 위해서 교통법규를 외면하는 일이 없을 때 당신은 운전자로서 안전을 보장받을 수 있다.

## 배려하는 마음은 사고 방지의 지름길

사람은 태어나면서부터 평등한 권리를 가지며 그것을 서로 인정하고 존중해주는 것이 곧 도덕이라 하겠다. 교통질서도 나만이 아닌 다른 사람과 더불어 살아간다는 인식 아래 서로 배려하고 양보하는 자세로 인간 존엄성을 중시하는 즉 도덕을 바탕으로 받아들여야 한다.

교통사고를 방지하려는 것은 귀중한 인명을 보호하려는 마음을 바탕으로 하고 있다. 많은 운전자가 '사람의 목숨은 무엇과도 바꿀 수 없이 귀중하다'는 것을 깨닫고 실천하면 교통사고는 줄어들게 될 것이다.

남에게 폐를 끼치면 안 된다는 것은 교통의 기본적인 규범이다. 도로라는 것은 도로 사용자 모두의 것이므로 모두가 자유롭고 편리하고 안전하게 이용할 수 있도록 해야 한다. 운전자는 항상 서로 양보하는 마음을 가지고 도로를 통행하는 풍토가 몸에 배도록 해야 한다.

이와 같은 교통질서를 위해서는 무엇보다도 교통법규를 잘 지켜야 하며 다른 차 앞으로 끼어드는 등의 행동으로 교통을 방해해서는 안 되겠다. 이것은 곧 상대방의 권리를 침해하는 행위임을 인식해야 한다.

사람들이 함께 뜻을 모아 안전한 집단과 사회를 이루고 서로의 권리를 존중하면서 자기의 권리도 잘 지켜나가는 일반 사회도덕과 같이 교통도덕도 다를 것이 없다. 운전자들이 교통 현장에서 이러한 도덕을 잘 지키면서 운전한다면 교통안전과 원활한 소통이 확보됨으로써 안전을 중시하는 교통문화가 정립될 것이다.


## 핸들만 잡으면 화가 난다

세상에 한 성질 하지 않는 사람은 없다. 다만 이성을 갖고 참을 뿐이다. 운전을 하다 보면 별의별 사람들이 다 있게 마련이다. 문제는 평소에 점잖다는 평을 많이 듣는 사람도 운전대만 잡으면 난폭해져서 앞차가 조금이라도 늦게 출발하거나 속도를 내지 않으면 상스러운 소리를 해댄다는 것이다. 이런 일로 인하여 서로 다툼이 일어나고 예기치 못한 사고로까지 이어지기도 한다.

미8군 소속 항공정비사 K 씨는 한국계 미국인으로 평택시 오성면 오성 IC 인근 도로에서 자신이 탄 차량을 유턴하다가 맞은편에서 오던 카렌스 차량과 부딪칠 뻔했다. 차에서 내린 K 씨는 카렌스 차량 운전자 A 씨와 말다툼을 벌이다가 차량에 보관 중이던 흉기를 꺼내 수차례 휘두르며 위협했다.

자칫 큰 상해를 입을 뻔했던 A 씨는 이를 경찰에 신고했고 경찰은 운전 중이던 K 씨를 현행범으로 체포해서 조사 후 미군 헌병대에 신병을 인계했다. K 씨는 미군 K-6 통역관이 참여한 가운데 이루어진 경찰 조사에서 A 씨가 신호 위반을 하면서 사고가 발생할 뻔한 것에 화가 나 흉기를 휘둘렀다고 말했다.

운전하기 무서운 세상에서 언제 어느 상황에서도 상대방의 입장에서 배려하는 마음이 나를 보호하는 가장 중요한 방법임을 깨닫게 된다.


## 광란의 질주 누구를 위해

도전 정신이 강한 사람은 늘 성취감을 위해 전력 질주한다. 목표를 위해 실패의 두려움은 아랑곳하지 않고 앞을 향해 돌진하는 삶은 타인들로부터 존경의 대상이 될 수도 있다. 하지만 일시적인 쾌감을 만끽하기 위하여 자동차를 가지고 전력 질주하는 것은 자신의 목숨은 물론 타인의 목숨을 담보로 한 도전이다.

서울지방경찰청 교통범죄 수사팀은 BMW와 아우디 등 고가의 수입차를 불법으로 개조해 고양시 자유로 일대에서 제한속도를 3~4배 초과한 시속 300㎞ 이상으로 주행하며 운행 중인 자동차들 사이를 빠르게 지나가는 이른바 칼치기 레이싱 등을 벌인 L모 씨 등 4명을 입건했다.

서울지방경찰청은 폭주족 집중 단속으로 오토바이 폭주족 관련

112 신고는 2011년 2,746건에서 지난해 1,532건으로 44.2%로 감소한 반면, 수입차 증가로 자동차를 포함한 전체 폭주족 검거 건수는 2011년 305명에서 2012년 510명으로 67.2% 증가했다고 분석했다.

수입차를 개조해서 폭주를 일삼은 L 씨 일행을 조사한 결과 이들은 중견 기업을 운영하거나 전문직에 종사하는 부유층으로서 자동차 폭주 동호회를 통해 만나 주말이면 번개팅 형식으로 광란의 질주를 해왔다.

이들은 폭주 레이싱을 위해 엔진 출력을 높이고 시끄러운 소리를 낼 수 있도록 차를 개조하는 데 차량당 2,000만 원 이상 투자하기도 했다. L 씨는 시속 300㎞로 1시간가량을 달리려면 기름값만 수십만 원이 들지만 폭주를 통해 느끼는 짜릿함과 우월감 때문에 멈출 수 없었다고 경찰 조사에서 진술했다고 한다. 평범한 사람들의 생각으로는 이해가 안 된다.

이들 자동차 폭주족은 상대적으로 단속이 심한 서울을 피해 수도권이나 강원 등에서 심야 시간뿐만 아니라 대낮에도 시속 300㎞가 넘는 속도로 경주를 벌이거나 곡예운전을 일삼으며 일반 운전자들의 안전까지도 위협하고 있다. 가뜩이나 교통사고 위험에 노출되어있는 운전자들로서는 폭주족들에 대한 방어운전까지도 걱정해야 하는 현실 앞에 말문이 막힌다.

## 자기중심의 도로가 아닌 생활 중심의 도로

해방 이후 피폐해진 대한민국 땅에서 제일 먼저 해결해야만 했던 것은 의식주 문제였다. 이 중에서 생존과 직결되는 음식 문제야말로 시급한 과제였다. 초대 이승만 대통령으로 시작된 우리 역사는 많은 우여곡절을 겪고 5·16 군사정변 이후 박정희 대통령의 경제개발을 원동력으로 삼아 발전했다.

오늘의 삶 속에서 과거를 되돌아보면 지금의 발전은 먹고사는 문제를 해결하고자 했던 박정희 대통령의 강력한 의지가 있었기에 가능했던 것을 알게 된다. 필자가 초등학생일 때에는 자전거가 주 이동수단이었다. 당시의 기억을 떠올리면 동구 밖의 큰 미루나무가 생각나는데 방학 때가 되면 그곳에 모여 친구들과 함께 떠들고 놀던 장소였다.

어느 날 노란 택시가 동네에 나타났는데 그때 우리 모두가 환호했던 기억이 생생하다. 우리는 신기한 듯 밖과 안을 번갈아 보면서 호기심 반 부러움 반으로 떠들곤 했다. 나도 크면 저런 멋진 택시를 탈 수 있을까 하고 생각해본 것이 엊그제인데 무려 50년 세월이 흘렀다.

그 세월을 뒤로하고 지금은 중형 자가용차를 가지고 있다. 이제 자동차는 호기심의 대상도, 신분과 출세의 상징도 아닌 생활 속의 도구로 자리잡게 된 것이다.

어릴 적 흥미로움의 대상이었던 자동차가 이제는 웬만한 사람이면 누구나 소유하고 있는 자가용이 되었다. 2014년 10월 말 우리나라 자동차 등록 수는 2천만 대를 넘겼다. 그야말로 마이카로 통하는 2천만 자동차 시대가 열리게 된 것이다.

자동차 등록제도 원년인 1945년의 7천여 대에서 69년 만에 2,700배가 증가했고, 이에 따른 여러 가지 문제점도 발생하고 있다. 차량을 이용한 절도, 폭력 등과 같은 범죄 행위는 물론 특히 교통사고로 인한 인적·물적 피해는 사회적 문제로 대두하고 있는 실정이다.

이제 자동차는 특별한 존재가 아니라 일상에 필요한 도구로서 적절히 관리해야 할 대상이 되었다. 이럼에도 일부 몰지각한 사람들은 아직도 자신의 소유 차량을 과시라도 하듯 모든 제반 사항을 무시하고 자기중심으로 도로를 이용하고 있다.

도로에서의 교통규범을 무시하고 자기중심의 운전 행위를 습관적으로 하는 것을 볼 수 있다. 신호 없이 차로 변경, 끼어들기, 교차로에서의 꼬리 물기, 무단 주·정차, 다른 차량의 진행 방해, 위협·난폭운전, 줄 서있는 차량 앞지르기, 화물 과적 운행과 적재 불량, 남보다는 내가 먼저로 양보 안 하기 등 그 밖에도 도로에서 불법·일탈 행위가 아무런 죄의식 없이 다양하게 자행되고 있다.

이제는 도로 위에서의 안전을 저해하는 어떤 행위도 쉽게 용인되지 않도록 잘못된 행위에 대해 확고하고 철저하게 대가를 지불하도록 해야 한다.

그 어느 때보다도 안전에 대한 사회적 인식이 높아진 만큼 운전자 개개인은 도로가 자기중심이 아닌 함께 공유하는 생활 중심의 도로임을 인식하고 행복한 마이카 시대를 열어가야 한다.

2장
자동차 운전,
이것만 알고 해도
안전하다

# 2.

## 운전 시 집중력은 필수

운전 중에는 언제 어디에서 어떠한 돌발사태가 일어날지 모르므로 온 신경을 운전에만 집중해야 한다. 만약 피로 등으로 주의를 집중할 수 없을 때에는 운전을 하지 않는 것이 좋다.

고속도로 주행 시 장시간 운전은 사고를 유발할 수 있는 개연성이 많다. 가능한 한 2시간 정도 휴식을 취하고 난 후 운전을 하도록 권장하는 것도 이 때문이다. 특히 운전 중에는 잠시라도 다른 생각을 하면 위험할 뿐만 아니라 자칫하면 목숨을 잃는 대형사고로까지 이어질 수 있다.

도로에서 시속 60㎞를 주행하는 자동차는 1초에 약 17m를 달린다. 단 1초만 주의를 게을리해도 자동차가 무방비 상태로 17m의 거리를 주행한다고 생각하면 아찔하다.

인생운전 안전신호등

초는 시간의 단위로 영국의 물리학자 루이 에센이 1955년에 처음 초 단위의 이론을 냈다. 1초는 그야말로 눈 깜박할 사이에 지나가 버리는 순간이지만 이 순간에 수많은 일이 일어난다.

우리가 일상생활에서 무심히 지나치는 1초 동안 1,200개의 달걀 과 166개의 콜라병이 소비되며 420톤의 비가 쏟아진다. 39,400개의 댓글이 인터넷에 달리고 귀중한 8명이 탄생하는가 하면, 5명의 목 숨이 지상에서 죽음을 맞이한다.

2012년 런던올림픽에서 펜싱 종목에 출전한 신아람 선수는 1초 의 시간 때문에 4년간 메달을 향해 흘렸던 눈물겨운 땀방울의 대가 를 한순간에 물거품처럼 날려버리고 꿈을 접어야만 했다.

달리는 자동차에서 1초의 시간을 방심하는 순간 나 자신의 생명 뿐만 아니라 타인의 생명까지도 영원히 지상에서 사라진다는 사실 을 명심해야 한다.


## 명절 안전사고에 유의하라

고속도로에서의 교통사고는 귀중한 생명을 한순간에 잃어버리는 대형사고로 이어지는 일이 많다. 특히 귀소 성향이 강한 우리 국민 에게 있어 추석과 설 명절 기간에 일어나는 교통사고의 대부분은 가족 단위의 인명사고로, 이를 접하는 일반인들과 운전자들의 마음은 착잡하다.

한국도로공사 장석효 사장에 의하면 설 기간에 고속도로는 하루 평균 370만대, 설 당일은 최대 445만대의 차량이 몰리면서 귀성·귀경길이 크게 붐빌 것으로 예상된다.

모처럼 찾아가는 고향이니 단숨에 달려가서 부모님과 친지, 친구를 보고 싶은 설렘에 급하게 운전을 하다 보면 자칫 사고로 이어지게 되고, 이는 고향 가는 길을 더 늦어지게 하는 원인이 되기도 한다.

최근 3년간 설 연휴에 고속도로에서 모두 153건의 교통사고가 발생했고, 20명이 소중한 목숨을 잃었다. 사소한 부주의로 인하여 대형사고가 일어나지 않도록 예방하기 위해서는 출발 전 안전 장비인 월동장구, 삼각대, 불꽃 신호기 등을 갖추었는지 확인해보고 차량과 운전자, 운행 경로에 대해 점검을 하는 일을 잊어서는 안 된다.

평소보다 도로에서 보내는 시간이 많은 명절 때에 운전자는 충분한 휴식을 취해야 하고, 운전하기 전에 음주는 절대 하면 안 된다. 무엇보다도 인명사고를 예방하기 위해서는 안전띠 착용이 필수이다.

지난해 고속도로 사망자의 40%는 안전띠 미착용으로 인한 것으로 확인되었다. 명절에는 1인 차량보다 가족이 동승한 차량이 훨씬 많고, 뒷좌석에는 주로 어린이들이 타는 경우가 많다. 안전띠 착용 비율은 운전석과 조수석이 85%인 데 비해 뒷좌석은 9%에 불과하다.

이는 사고 발생 시 뒷좌석에 승차한 사람이나 어린이가 사망할 확률이 높다는 것을 의미한다. 전 좌석 안전띠 착용이야말로 소중한 가족의 생명을 지키는 출발점이다.

고향 가는 길이 설렘과 즐거움으로 최고의 컨디션을 유지하면서 아무리 즐겁다 해도 도로가 정체되어 오래 걸리거나 길이 멀어 장시간 소요된다면 짜증도 나게 되고, 지겹고, 졸리게 마련이다.

특히 고속도로에서의 순간적인 졸음운전은 자칫 대형사고를 유발할 수가 있다. 졸릴 때는 휴게소나 졸음 쉼터에서 잠시 스트레칭을 하면서 쉬어가는 것이 최상이다. 세상에서 가장 무거운 것이 눈꺼풀이라는 우스갯말이 괜히 나온 것이 아니다. 그만큼 한번 쏟아지는 졸음은 참기 어렵기 때문이다. 졸리면 무조건 쉬어야만 사고를 사전에 예방할 수 있다.

특히 전방 주시 태만으로 2012년도 고속도로 사망자 중 37%가 목숨을 잃었으며, 이는 최근 스마트폰 기기 보급 확대를 그 원인 중 하나로 볼 수 있다. 운전 중 휴대전화를 사용하거나 DMB를 시청하는 행위는 또 다른 사고 위험을 초래하게 되므로 각별한 주의가 요구된다.

평소 잘 챙겨드리지 못했던 아쉬움과 죄송한 마음을 담아 정성껏 선물을 준비하는 것도 중요하지만, 무엇보다도 가장 중요한 선물은 귀하고 소중한 사람들이 건강한 모습으로 서로 간직했던 정을 나누고 아무런 사고 없이 안전하게 돌아와 내일을 준비하는 것이 진정한 선물일 것이다.


## 운전 중 추측은 금물

　살면서 때로는 자신의 의지와 아무런 관계없이 타인들로부터 오해를 받는 일이 생긴다. 자신의 주변에서 일어나는 사소한 일들이 오해의 발단이 되는데 이를 등한시하여 돌이킬 수 없는 어려움을 당하거나 마음에 큰 상처를 입게 된다.

　그런데 이러한 오해는 누군가의 근거 없는 추측에서 비롯되는 경우가 많다. 추측은 미래의 일에 대한 상상 또는 과거나 현재의 일에 대한 불확실한 판단을 미루어 생각하는 것으로서 자칫 잘못하면 한 사람의 인격을 사회에서 매장하는 매우 위험한 결과를 낳을 수도 있다.

　추측으로 인한 오해의 편견이 비단 사람과의 관계에서만 위험 경고음을 보내는 것만은 아니라, 바쁘게 살아가는 현대인이 자동차를 운전하는 과정에서도 추측에 의한 위험 경고음은 계속된다.

　사람 사이의 편견은 오해를 풀어 해결되거나 때로는 무반응 속에서 시간이 흘러 진실이라는 이름으로 치유될 수 있지만, 추측운전은 생명을 담보로 하는 위험한 곡예인 것이다.

　이런 점을 생각한다면 추측운전은 하지 말아야 한다. '황색 신호

시 다른 신호가 들어오기 전에 지나면 문제가 없겠지.' '신호 횡단 중의 보행자가 내 차가 오는 것을 보았으니 서 주겠지.' '저 앞차는 급정지하지는 않겠지.' 등 자신에게 유리한 쪽으로만 생각하다가 추측이 어긋났을 때는 반드시 사고가 나게 마련이다.

너나 할 것 없이 대다수의 사람은 상황을 판단할 때 자기에게 유리한 쪽으로 생각하기가 쉽다. 운전자가 자신의 판단이 최선의 선택이었다고 생각하고 추측에 의한 행동으로 옮기는 순간 예기치 못한 사고로 이어질 수 있다. 사고의 밑바탕에는 언제나 운전자의 추측이나 조급한 운전 행동이 사고의 요인으로 깔려 있는 것이다.


## 춘곤증은 교통사고의 불청객

운전자라면 누구나 한 번쯤 운전 중 참을 수 없는 졸음 때문에 곤란을 겪은 경험이 있을 것이다. 필자 역시 졸음을 억지로 참으며 운전하다 대형사고로 이어질 뻔한 아찔한 순간도 있었다. 그야말로 운전은 생명을 담보로 하는 긴장의 연속이므로 한순간의 방심이 자신은 물론 타인에게까지 큰 피해를 줄 수 있기에 지속적인 주의력과 집중이 필요하다.

특히 긴 겨울잠에서 깨어나 모든 만물이 약동하는 봄에는 우리의 몸도 활력을 찾게 되는데, 이는 자연의 순리로 밤의 길이가 점점

짧아지는 반면 낮의 길이가 길어지면서 활동 시간이 많아지게 된다. 이러한 봄철에 운전을 하다 보면 깜박깜박 졸게 되는데 바로 춘곤증 현상 때문이다.

시속 100㎞로 주행하는 자동차가 1초 동안 약 28m의 거리를 달린다는 사실을 생각하면 순간의 졸음운전이 얼마나 위험한 것인지 알게 된다. 봄에 발생하는 대부분의 교통사고가 춘곤증이 원인이라는 사실을 인식하고, 잠이 올 때는 억지로 참지 말고 안전한 곳에 차를 정차시켜서 잠깐이라도 눈을 붙이는 것이 바람직하다. 특히 식사를 한 다음에 바로 운전을 하게 되면 식곤증과 춘곤증 현상이 복합적으로 오기 때문에 졸음운전에 더욱 유의하여야 한다.

계절적 요인으로 봄에 발생하는 춘곤증은 교통사고를 유발하는 '예고 있는' 불청객임을 알고, 운전자는 피로가 쌓이지 않도록 그때그때 피로 회복을 해서 운전 시 감각 능력과 운동 능력을 정상화하고 운전 중 상황 변화에 신속하게 대처해야 한다.

봄의 시작은 기온의 변화로 감지가 되는데, 이때 우리 몸도 생리적인 변화로 인해 운전 중 졸게 된다. 춘곤증은 식사 후에 찾아오는 식곤증과 더불어 운전자에게 교통사고를 유발하는 달갑지 않은 손님임에 틀림없다.

핸들을 잡고 있으면서도 나도 모르게 졸게 되는 춘곤증의 계절에 운전자는 졸음운전을 가볍게 넘기지 말고 주의를 기울여 영원한 졸음인 죽음에 대비해야 한다.

# 밤샘 후 운전, 제대로 알고 하자

　사람들은 평소 잘 알고 각별하게 지내던 지인의 사망 소식을 접해 조문을 하게 되면 주변 사람들과 위로와 슬픔을 나누고 이런저런 이야기를 주고받으며 밤을 새우게 된다.

　이뿐만 아니라 직장에서도 때로는 당면한 업무 때문에 밤을 새우는 일이 있다. 하루 밤샘했다고 별일이야 있을까 하면서 우리는 일상처럼 운전을 하게 되는데, 밤을 새운 상태에서는 돌발 상황이 발생할 때 위험에 대처하는 반응 속도가 느려져 사고로 이어질 수 있는 것으로 실험 결과 나타났다.

　먹고사는 문제가 아니라면 그냥 휴식을 취해도 되련만 세상 사는 일이 만만치가 않다. 교통안전공단은 밤샘운전과 관련해 시속 60km로 운전하다가 일렬 주차된 차량 사이로 보행자 모형이 갑자기 튀어나왔을 때 얼마나 빨리 멈춰 서는지, 그리고 S자 곡선 구간을 얼마나 빠르고 안전하게 통과하는지 확인하는 모의실험을 했다.

　그 결과 첫 번째 실험에서 잠을 충분히 잔 운전자는 보행자 모형을 보고 0.5초 만에 브레이크를 밟아 보행자 모형 2m 앞에서 멈춰 섰지만, 18시간 잠을 자지 않은 운전자는 브레이크를 밟는데 0.7초가 걸려 보행자 모형과 충돌했다. 또한 24시간 잠을 자지 않은 운전자는 브레이크를 밟기까지 1초가 걸려서 보행자 모형이 충돌 후 8m 앞으로 튕겨 나갔다.

두 번째 실험에서 잠을 충분히 잔 운전자는 S자 곡선 도로를 32초 만에 통과했고 도로 양옆에 놓인 삼각뿔도 전혀 건드리지 않은 반면, 18시간 및 24시간 동안 잠을 자지 않은 운전자는 각각 38초와 45초가 걸리고 둘 다 코너 바깥쪽으로 크게 돌면서 지그재그 운전을 했다.

실험 결과에 대하여 민경찬 교통안전공단 선임연구원은 "잠을 자지 않고 운전하는 것은 소주 5잔을 마시고 운전하는 것과 같다"며 이는 "면허취소 기준인 혈중알코올농도 0.1%와 비슷한 수준"이라고 말했다. 실험 결과가 보여주듯 밤샘운전은 돌발 상황에서 적시 대응 능력이 떨어지기 때문에 예기치 못한 사고로 이어진다는 사실을 알아야겠다.


## 운전 조작은 정확·신중이 생명

자동차는 사람이나 화물을 싣고 빠른 속도로 운행하는 수단이므로 무책임한 운전으로는 안전한 운행을 할 수 없다. 운전 경험이 부족하거나 다른 차로 바꾸어서 손에 익숙하지 못하면 운전하기 어렵거나 잘못 조작하기가 쉽다. 사소한 한 가지 조작만 잘못해도 큰 사고로 직결되므로 운전 조작은 반드시 정확해야 한다.

사람의 손과 발은 두뇌의 판단에 의해 움직이고 있으나, 이러한 신경의 지배는 손과 발에만 국한되는 것이 아니라 자동차의 갖가지 부품 조작에까지 미치게 되는 것이다. 전조등을 켜려고 하면 손이 자동으로 등화 버튼에, 또 브레이크를 조작하려고 하면 발이 틀림없이 브레이크 페달에 옮겨지도록 숙달되어야 한다.

야간 주행 중 갑자기 비가 내려 와이퍼를 작동하려다가 조작 미숙으로 전조등을 꺼서 당황하여 가드레일을 받는다든지, 또 주행 중 장애물이 갑자기 나타나 브레이크 페달을 밟는다는 것이 액셀 페달을 밟아 인도로 뛰어드는 사고를 흔히 볼 수 있다.

자동차는 대중적인 기계장치로 누구나 조작할 수 있으나 사람의 신경이 행동에 정확하게 직결되지 않으면 조작 실수를 하게 되고, 작은 한 가지 조작 실수가 엄청난 사고로 연결되어 귀중한 생명을 잃게 된다.


## 죽음을 부르는 주행 속도 착각

보통 사람들은 신차를 구입할 때 사전에 나름의 취향에 맞는 기종을 선택하게 된다. 중고 차량을 구입해서 운행하던 사람이 신차를 구입하거나 처음으로 신차를 구입하는 사람이 차량을 인도받아 제반 행정절차를 마친 후 '길들이기'라는 명목으로 고속도로나 일반 도로의 정해진 속도를 무시하고 과속을 하게 되는데 이것은 매우 위험한 행위이다.

오랫동안 운전을 한 사람도 처음 대하는 신차는 모든 면에서 낯설기 때문에 돌발적 상황에 대응하여 차량을 조작하기 쉽지 않다. 특히 기계적인 차의 속도에 대한 사람의 감각은 주행하는 환경 변화에 따라 정확하지 않을 수도 있다. 일례로 대형차에서 소형차로 바꾸어 타거나 그 반대의 경우에도 속도에 대한 감각은 매우 다르게 느껴지는 것이다.

속도계의 지침이 80km/h를 가리켜도 소형차는 그 이상 빠른 속도로 느껴지고 대형차일 때는 느리게 느껴진다. 또 고속도로에 들어선 직후에는 도로의 폭이 넓어지고 주변의 환경이 떨어져 있기 때문에 80km/h 속도인 경우 시가지의 60km/h 정도로 느껴지는 경우가 생기게 된다.

사람이 느끼는 속도와 실제 속도에 차이가 나는 것은 일종의 착각으로 감각 속도와 물리 속도 사이에서 차이가 발생하기 때문이며, 주행 환경이 변하거나 숙달되지 않은 차를 운전할 때 일정한 속도를 유지하기 위해 수시로 속도계를 확인해야 하는 이유이기도 하다. 속도계를 무시한 감각운전은 고속도로에서 인터체인지로 진입할 때 가장 위험성이 높고 속도계 위주의 운전도 교통의 흐름을 혼잡하게 할 염려가 있다.

자동차에 부착된 속도계도 타이어의 공기압과 마모 정도, 동력 전달 계통의 종류, 노면 상태 등에 따라 5~10km/h 정도의 오차가 발생할 수 있다는 사실 또한 염두에 두어야 안전한 운전을 가능케 할 것이다.

## 누구나 알면 유익한 자동차 특성

운전자가 안전한 운전을 하려면 위험을 발견했을 때 제동의 필요성을 판단하여 급히 페달을 밟을 수 있도록 자동차의 공주거리 등 과학적인 특성을 알아두어야 한다.

운전자가 주행 중에 위험을 판단하여 브레이크를 밟기까지의 사이에 자동차는 같은 속도로 계속 달리게 되는데, 이때 주행한 거리를 '공주거리'라고 한다. 또 이 사이의 소요 시간을 '반응시간'이라고 한다. 위험을 발견하고 발을 옮겨 밟기까지의 반응시간은 최소한 0.4~0.24초가 걸린다. 사람의 동작으로는 반응시간을 더 이상 단축할 수 없다.

사람이나 차가 뛰어드는 것을 발견하고 제동을 걸기까지의 반응시간은 3단계로 구분할 수 있다. 1단계는 제동의 필요성을 판단하여 액셀 페달에서 브레이크 페달로 발을 옮겨 밟도록 지령하는 체내의 신경 전달 단계이고, 2단계는 오른발이 운동을 시작하여 액셀 페달에서 브레이크 페달로 옮겨가기까지의 단계, 3단계는 브레이크 페달을 밟아서 브레이크가 작동하기 시작하기까지를 말한다.

반응시간은 개인별 차이, 정신 상태, 피로 등의 신체 상태에 따라 더 길어질 수 있으며 반응시간 중에는 브레이크가 작동하지 않아 계속 주행하게 되므로 반응시간이 길어지면 더욱 위험하다.

## 주행 시 앞차와의 충분한 거리 유지 필수

교통의 흐름 속에서 주행할 때에는 앞차가 언제, 어디서, 어떻게 갑작스러운 행동을 할지 모른다. 운전자는 적절한 차 사이의 거리를 유지하고 앞차의 행동에 항상 주의하며 자기 차의 속도를 조절해야 한다.

앞차를 뒤따라 갈 때는 앞차가 어떠한 행동을 하더라도 급제동을 하지 않고 정지할 수 있는 충분한 거리를 유지해야 한다. 자기 차의 제동거리가 앞차의 제동거리보다 더 길지도 모른다는 생각을 하면서 뒤따라야 한다.

고속으로 주행할 때나 야간 운전, 미끄러운 도로 등에서는 차 사이 거리를 보통 때보다 더욱 길게 유지해야 한다. 고속 주행 때의 충돌사고는 반드시 중대사고가 된다는 사실을 명심해야 한다.

앞차를 너무 바짝 뒤따라가면 자기 차가 진행할 진로를 살피기 어렵고 앞차의 바퀴 자국만 따라 진행하게 되므로 안정된 진로를 잡을 수 없다. 시계가 제한되어 전방 교통 상황을 확인하기 어렵고

만약의 사태가 발생했을 때 이를 피하기 위한 옆쪽 공간을 확인하기 어렵다.

특히 교통량이 많은 도로에서 끼어들기를 당하지 않기 위해서는 앞차와의 사이에 다른 차가 끼어들지 못하도록 적절한 안전거리를 유지하는 것이 좋다. 전방 교통 상황에 항상 주의하여 앞차의 갑작스러운 감속이나 정지를 예견해야 한다.


## 더 조심해야 하는 빗길 운전, 이유가 있다

2014년 여름은 대체로 장마 기간에 비가 적게 내렸다. 기상청은 같은 해 7월 29일 중부 지방에 내린 비를 마지막으로 장마가 종료됐으며, 장마 기간은 남부지방, 중부지방에서 각각 28일씩(평년 32일), 같은 기간 강수량은 남부지방, 중부지방에서 각각 145.9mm와 145.4mm(평년 각각 348.6mm와 366.4mm)로 평년대비 장마 기간은 4일, 강수량은 약 40% 수준으로 줄어들었다고 발표했다.

지난 8월 9일에는 불볕더위가 기승을 부려 목마른 대지는 하늘만 애타게 바라볼 수밖에 없었고, 대지에 뿌리를 내리고 있던 많은 작물은 몸을 혹사당한 채 단비가 내리기만을 기다렸다. 간혹 기후 이상으로 천둥과 번개를 동반한 소나기라도 내리면 대지는 갈증을 해소하기 위해 몸부림친다.

그렇게 혹독한 시간이 지나고 입추가 지나 아침저녁으로 가을 기운을 느낄 때쯤 태풍에 따른 집중호우나 가을 늦장마가 시작되면 빗길에 안전사고가 많이 발생하게 된다. 도로교통공단 인천지부에 따르면 인천 지역에서는 빗길사고 902건으로 22명이 사망하고 1,044명이 부상한 것으로 나타났다 이는 눈길 교통사고보다 발생건수가 무려 9배나 많고 사망자 수도 22배 높은 수치다. 또한 장마철 빗길 교통사고 치사율은 4.7%로 이는 맑은 날의 치사율 2.9%에 비해 1.6배 높은 수치이다. 빗길 운전이 그만큼 위험하다는 것을 보여주는 것이다.

이와 관련하여 빗길 교통안전요령을 알아보면, 먼저 빗길에서는 속도를 줄이고 충분한 차간거리를 확보해야 한다. 낮에도 전조등을 켜고 엔진브레이크를 사용하며 가능한 브레이크를 나눠 밟아야 한다. 마모된 타이어는 교체하고 공기압을 조정하며, 물웅덩이는 속도를 낮추고 단번에 지나가야 한다. 평소 와이퍼 관리를 잘하고 배터리를 점검한다. 1차로 주행을 피하고 가급적 낙석주의 구간은 돌아가며, 물가에는 주차하지 않는 것이 좋다. 가을 늦장마철에 안전운전 수칙을 지키는 것은 자신은 물론 타인의 안전을 위해 반드시 필요한 것임을 알아야겠다.

## 사각지대의 복병 좌회전

좌회전 사고는 교차로 마주치기 사고와 같이 교차로에서 가장 많이 발생하는 사고 유형 중 하나이다. 주로 좌회전하는 차와 대향 직진 차에 가려져서 잘 보이지 않는 2륜차와의 충돌이나 좌회전 차가 쉽게 발견하지 못하는 횡단 중인 자전거, 보행자 등과의 충돌로 발생하는 경우가 많다.

좌회전 사고의 가장 큰 원인은 좌회전 시 사각지대의 발생 및 대향 직진 차량의 직진 우선 의식이 교차로에서 복합적으로 작용하기 때문이다. 좌회전 차는 교차로에서 녹색 화살표 신호 다음의 황색 신호가 녹색 신호로 바뀌기 전에 급히 좌회전하여 재빨리 진입하고, 대향 직진 차는 황색 신호가 녹색 신호로 바뀔 것을 예측하고 미리 교차로에 진입하는 등 무리한 운행이 사고로 이어지는 원인이 되는 것이다.

좌회전 사고를 예방하기 위해서는 우선 사각지대라는 의식을 가지고 운전해야 한다. 특히 2륜차 운전자는 4륜차와 충돌하면 자기가 치명상을 당하게 된다는 사실을 명심하고 운전해야 한다. 좌회전 자동차는 2륜차 등이 대향 직진 자동차에 가려 있다는 것을 염두에 두고 함부로 운전 행동을 시작하지 않도록 해야 한다.

2륜차 운전자의 시각 특성 때문에 비록 서로 보이는 위치에 있어도 상대방이 자기를 못 보는 경우가 있으므로 운전자는 2륜차의 움직임을 완전하게 판단할 때까지 시선을 떼지 않아야 한다.


## 교차로는 일단정지 후 서행 운전

교차로 상에서 운전자의 부주의로 교차로 마주치기 사고가 많이 발생하고 있다. 특히 신호기가 없거나 고장 났을 때, 앞을 잘 내다볼 수 없고 좌우를 확인할 수 없는 교차로를 통행할 때는 차대차 사고로 이어질 가능성이 높으며 사고 발생 시 사망 또는 중상자 발생률이 높아진다.

대부분의 교차로 마주치기 사고는 일단정지나 서행을 이행하지 않는 등 극히 기초적인 운전 자세의 실수가 원인이 되어 발생하는 경우가 많다.

교차로 사고를 예방하기 위해서는 우선 전방의 동향을 잘 살펴야 한다. 전방의 차나 사람의 움직임을 보고 교차로가 있는지 없는지를 확인한 다음 조금이라도 불안하게 느껴지면 속도를 낮추고 조심스럽게 주행해야 한다.

교차로에서는 자전거 또는 아이들이 뛰어나올 것을 예상하고 이에 대응할 수 있도록 언제든지 브레이크 페달을 밟을 수 있는 마음의 대비를 하며 운전해야 한다.

운전자는 모든 운전 행동을 정확하게 해야 한다. '깊은 밤이니까,

새벽녘이니까' 하는 방심운전이나 '익숙한 거리니까 별일 없을 것이다' 등의 추측운전은 절대 금물이다.

일단정지나 서행을 하면서도 안전 확인을 하지 않았기 때문에 발생하는 사고가 많다. 일단정지나 서행은 형식적인 것이 아니라 안전운전에 필요한 정보를 얻기 위한 것이다.


## 이상 기후 시 급브레이크 조심

비, 눈, 안개 등의 이상기후일 때에는 시계의 장해와 미끄러운 노면으로 정지거리가 길어져 운전하기가 어려운데, 특히 도로 위 물기로 인해 달리고 있는 차량의 타이어와 노면 사이에 수막이 생겨 타이어가 노면 접지력을 상실하는 수막현상이 발생할 경우 차량 제어가 불가능하여 사고 위험성이 매우 높아진다. 그러므로 비가 내리는 날씨에는 제한속도보다 20~50% 감속 운행 하면서 급 핸들, 급브레이크를 절대로 삼가는 등 세심한 주의가 필요하다.

날씨가 쌀쌀해지면서 눈이 많이 오는 계절이 되면 운전에 주의를 기울여야 하는데, 특히 초보운전자들은 첫 겨울철 차량 운행을 하게 되므로 미끄러운 도로 운행에 세심한 주의를 기울여야 한다. 주행 중 비가 갑자기 많이 내리거나 물이 고인 곳을 지나가게 되면 브레이크 드럼에 물이 들어가 드럼과 라이닝의 마찰계수가 낮아져 브레이크가 잘 작동되지 않는다. 이럴 때는 서행하면서 브레이크 페달을 가볍게 여러 차례 밟아 발생하는 마찰열로 브레이크 드럼의 물기를 말려야 한다.

특히 젖은 노면에 진흙이 깔려 있는 곳은 더욱 미끄러우므로 브레이크를 밟거나 엔진 브레이크를 걸기만 해도 미끄러진다는 것을 알아두어야 한다. 눈길은 매우 미끄럽고 정지거리가 길어지므로 스노타이어나 체인을 감고 낮은 속도로 주행해야 한다.

눈길에서 갑작스럽게 핸들 브레이크를 조작하는 것은 극히 위험하므로 절대 삼가야 한다. 눈이 쌓인 도로에서는 되도록 앞차가 지나간 바퀴 자국을 따라 운행하는 것이 좋다.


## 모퉁이 우회전 시 내륜차 안전 확인

우회전 사고도 좌회전 사고와 같이 이륜차 등과 보행자가 피해자가 되는 사고이며, 그 종류에는 트럭의 우측 뒷바퀴에 이륜차 등이 말려드는 사고, 우측의 사각에 들어간 직진 이륜차 등과의 충돌, 횡단 중인 보행자와의 접촉 등 3가지 형태가 있다.

보통 승용차의 경우는 운전자의 눈높이가 1.5m 이하이므로 우측에 있는 이륜차 등을 창 너머로 볼 수 있고 양쪽의 후사경으로 확인하기 쉽다. 그러나 우회전하고 있을 때는 실내 후사경이나 측면

후사경이 크게 작용을 못 하기 때문에 창을 통해 우측 후방을 확인하게 되지만 이때도 창틀에 가려 보이지 않는 경우가 있다.

대형 트럭은 눈높이가 대개 2m 이상이나 되어 우측에 있는 이륜차 등을 창 너머로 볼 수 없어 사각에 들기 쉽다.

자동차가 커브 등을 회전할 때에 발생하는 현상을 내륜차 현상이라고 하는데, 앞바퀴의 회전 반경보다 뒷바퀴의 회전 반경이 작기 때문에 뒷바퀴에 말려드는 사고가 발생하게 되며, 특히 타이어가 노출된 상태인 트럭 등의 경우 우측 뒷바퀴에 말려들어 사고가 발생하게 된다.

우회전 사고를 예방하는 방법은 좌회전 사고의 경우와 거의 같으나, 눈높이에 따른 시각과 내륜차를 고려하여 충분히 안전을 확인해야 한다. 만약의 경우에 대비하여 감속하면서 천천히 모퉁이를 돌아나가야 하고 방향지시등 신호는 일찍 해야 한다.


## 운전 시 사고 대상 물체 움직임을 정확히 파악하라

뛰어들기 사고란 보행자나 자전거 등 교통약자가 피해를 당하는 사고로, 이런 사고를 방지하려면 무엇보다도 예측을 정확히 해야 한다. 시가지나 주택가를 주행할 경우에 보행자나 자전거가 뛰어드는 것을 어떻게 예측하고 대처할 것인가가 중요한 것이다.

밤에 발생하는 뛰어들기 사고의 원인 중에는 전조등의 불빛에 의한 현혹이 있다. 또 이른 아침이나 저녁때에 햇빛을 바라보며 주행하면 태양광선이 낮게 비쳐 거의 밤의 현혹과 같은 상태가 된다.

뛰어들기 사고를 예방하려면 어린이나 자전거는 항상 어디서나 뛰어들기를 잘한다고 생각하고 나름대로 예측과 대비를 해야 한다. 위험 대상물을 발견했을 때에는 그 사람의 동향을 완전히 파악할 때까지 절대로 눈길을 떼지 않는 습관을 들여야 한다.

뛰어들기 중에서 가장 많은 유형은 다른 자동차의 뒤나 옆에서 사람이 뛰어드는 것이다. 이것을 예측하는 요령은 다른 차의 차 밑이나 위의 정보를 최대한으로 활용하는 것이다.

저녁의 땅거미 질 때를 '마의 시간'이라 하는 것과 같이 밝기가 변화하는 시간대는 특히 위험하므로 되도록 등화를 일찍 켜고 낮보다 속도를 낮추어서 방심하지 말고 운전해야 한다.


## 커브길 운전 충분히 속도 낮춰라

우리나라 도로 형태는 산모퉁이를 돌아가는 등의 커브길이 유난히 많다. 커브길에서 발생하는 사고는 대부분 도로 밖으로 전락하거나 정면 충돌하는 것이 일반적인 유형이며 그 때문에 사망사고가 많이 발생한다.

커브길 사고는 '원심력'이라는 물리 법칙이 작용하여 조종의 안정성을 잃기 때문에 발생하는 것이다. 조종의 안정성을 잃는다는 것은 차가 도로 밖으로 전락하는 사고(좌 커브)나 중앙선 침범에 의한 정면 충돌(우 커브)사고와 같이 타이어가 커브의 바깥쪽으로 미끄러져 나가거나 반대로 운전자가 원심력에 놀라 핸들 브레이크 조작 실수로 갑자기 안쪽으로 꺾어 들어가는 행위이다.

커브길 사고의 주된 원인은 원심력의 경시, 운전 조작의 실수, 대향차선으로 질러나가는 운전 행동 등 크게 3가지 요인으로 나눌 수 있다.

커브길 사고를 예방하려면 커브길 주행 요령을 익혀야 한다. 가볍게 브레이크를 밟으면서 커브길 못미처의 직선 부분에서 속도를 충분히 낮춘다. 액셀을 가볍게 밟고 천천히 돈다. 되도록 먼 곳을 보면서 서서히 가속한다.

커브길에서는 원심력으로 밀려 나가기 쉬우며 대향차가 중앙선을 무시하고 가로질러 들어오는 경우가 있으므로 중앙선 접근을 금해야 한다.


## 서행 감속과 전방 주시로 추돌사고 대비

흔히 추돌사고를 대수롭지 않게 여기는 경향이 있으나, 추돌사고는 심한 목뼈 부상을 일으키고 여러 형태의 대형 사고를 일으키는 원인이 되기도 한다. 특히 교차로나 그 근처에서 이런 사고가 많이 발생한다는 사실에 주의해야 한다.

추돌사고는 일반적으로 가게, 골목 등을 찾거나 통행인, 간판 등에 정신이 팔려 방심하는 한눈 팔이 운전이 주요 원인이 되어 발생한다.

추돌하지 않기 위해 가장 중요한 것은 앞차의 움직임과 전방 상황을 보고 앞차가 감속하거나 정지할 것을 예측해서 대비하는 것이다. 대형차의 브레이크는 잘 작동되어 급브레이크가 되는 경우가 많으므로 차 사이의 거리를 길게 확보해야 한다.

자동차는 시속 60㎞로 주행 시 1초 동안 17m를 진행하며 백미러로 후방을 확인하는 데는 2초 정도가 걸리게 되므로 앞차와의 사이에 34m 이상의 거리를 유지할 수 없을 때에는 백미러만 천천히 볼 수 없게 된다.

추돌사고의 책임은 전적으로 뒤차에 있다고 생각하는 사람이 많다. 그러나 이런 생각을 버리지 않는 한 언젠가는 추돌사고로 큰 피해를 당하게 된다. 추돌사고는 추돌당하는 측의 배려가 부족하기 때문에 발생하는 일이 많으며 손해를 보는 것은 추돌을 당한 쪽이 된다.

## 차선 변경 시 30m 전부터 방향 신호하라

일반적으로 교통법규를 구속처럼 생각하기 쉬우나 차량 소통을 원활히 하기 위한 질서 유지 규범인 만큼 익숙해지면 불편함을 느끼지 않게 된다.

차종에 따른 진행차로는 「도로교통법 시행규칙」 제16조 제1항에서 규정된 대로 지정 차선으로 통행해야 하며, 좌회전 차선이 2개 이상인 교차로에서 별도의 방면 표시가 없을 때는 차종별 지정 차선에 따라 좌회전해야 한다. 예를 들어 편도 2차선인 고속도로 외의 도로에서 1차로는 승용 자동차와 중·소형 승합자동차가, 2차로는 대형, 화물, 이륜자동차 및 자전거 등이 통행할 수 있도록 규정되어 있다. 다만 시·도지사가 통행 방법을 따로 지정한 때에는 그에 따라 통행하여야 한다.

진로를 변경하고자 할 때는 진로 변경 지점 30m 밖에서부터 방향 신호를 해야 한다. 진로 변경이 금지된 곳에서는 도로의 파손, 공사 등으로 장애물이 있는 경우를 제외하고는 진로 변경을 해서는 안 된다.

차선 통행 방법은 일반 도로에서 차종별로 지정된 차선에 따라 차선의 중앙 부분을 통행해야 한다. 고속도로에서는 앞지르기할 때와 도로 상황, 다른 사정으로 부득이한 경우가 아니면 지정된 주행 차선으로 통행해야 한다.

2개 차선을 걸쳐서 운행하는 행위, 2개 이상의 차선을 지그재그로 운행하는 행위, 갑자기 옆 차선에 끼어드는 행위는 절대 금지되어 있다.


## 교차로 통과할 땐 신호기보다 교통정리자 지시가 우선

교차로 등에서 차량은 신호기, 안전표지가 표시하는 신호 또는 지시와 교통정리를 하는 경찰 공무원의 신호 또는 지시에 따라야 한다. 신호기, 안전표지가 표시하는 신호 또는 지시와 교통정리 하는 경찰 공무원의 신호 또는 지시가 다를 때는 경찰 공무원의 신호나 지시에 따라야 한다.

비보호 좌회전 표시가 있는 곳에서는 녹색 신호에 따라 진행하는 다른 교통에 방해가 되지 않을 때에 한하여 좌회전할 수 있다. 다만 이때 직진 차에 우선권이 있으므로 사고의 책임은 좌회전 차에 있다.

교차로에 진입하려는 모든 차는 녹색 신호 중이라도 전방에 차량이 정체되어 교차로 내에서 정지하게 되거나 다른 차의 통행에 방해가 될 염려가 있을 때는 진입하면 안 된다.

교차로에서 우회전하고자 할 때는 미리 도로의 우측 가장자리를 따라 서행해야 하며 좌회전하려고 할 때는 미리 도로의 중앙선을 따라 교차로 중심 안쪽(시장, 도지사가 특별히 필요하여 따로 지정한 곳에서는 중심 바깥쪽)을 서행해야 한다.

좌회전하려는 차는 먼저 교차로에 들어갔다 하더라도 그 교차로를 직행하거나 우회전하려는 차가 있을 때는 그 차의 진행을 방해하면 안 된다. 좌회전 우선 교차로에서 직행하거나 우회전하려는 차는 이미 교차로 내에서 좌회전하고 있는 차가 있을 때는 그 차의 진행을 방해하면 안 된다.


## 커브길 주행 시 원심력 고려해서 규정 속도 유지하라

운전자는 법정속도 및 제한속도를 반드시 지켜야 한다. 과속은 중대사고와 직결된다. 최고속도는 항상 그 속도로 주행하라는 것이 아니라 도로 교통의 상황 및 차의 성능 등을 참작하여 정해진 것으로 최고속도 이하에서 보행자나 다른 차에 위험을 주지 않는 안전한 속도로 운전해야 한다.

법정속도는 일반 도로에서 4차선 미만 도로는 60㎞/h 이내, 4차선 이상 도로는 80㎞/h 이내이며 고속도로에서는 4차선 이상은 최저 50㎞/h, 최고 100㎞/h이고 다만 승합(고속용 제외), 화물, 특수차, 중기는 80㎞/h이다.

2차선에서는 최저 50㎞/h, 최고 80㎞/h이며 경찰청장이 지정·고

시한 노선인 경부선 일부 구간의 경우 최저 50㎞/h, 최고 120㎞/h이다. 다만 승합(고속용 제외), 화물, 특수차, 중기는 90㎞/h로 주행해야 한다.

제한속도는 안전표지 및 노면표시로 구역 또는 구간을 지정하여 속도를 정한 것으로 그에 따라야 한다. 예로 자동차가 커브길을 주행할 때 핸들을 꺾으면 자동차에 원심력이 작용, 원심력이 타이어와 노면과의 마찰저항보다 커지면서 차가 옆으로 미끄러져 길 밖으로 튕겨 나가는 등 위험이 발생하게 된다.

주행 중에 급브레이크를 밟으면 바퀴의 회전은 정지하지만 관성력에 의해 타이어와 지면의 마찰력으로 속도가 0이 될 때까지 차량이 노면을 미끄러져 나가므로 운전자가 의도한 대로 즉시 정지할 수 없다.

차량의 무게, 지면의 상태 등이 동일하다고 하면 이동 중인 차량의 운동에너지는 속도의 제곱에 비례하고 운동에너지와 전마찰 일량이 같아질 때 차량이 정지하게 되므로, 속도가 2배일 때 제동거리는 4배가 된다. 그러므로 제동거리를 줄이기 위해서는 제한속도를 준수하며 운행할 필요가 있다.

## 앞지르기는 앞차와의 속도 20㎞/h 이상으로

운전자는 앞차보다 빨리 가기 위해 앞지르기를 한다. 자동차의 앞지르기라 함은 앞서 가는 다른 차의 좌측을 지나서 그 차의 앞으로 나가는 것을 말한다.

앞지르기는 앞차의 전방 교통 상황을 확인하는 과정, 속도를 올려 앞차를 앞지르는 과정, 다시 앞차의 전방에 들어가는 과정을 거쳐야 하는데 이 3단계가 모두 위험하다. 충분한 거리와 시간이 필요하며 반대 차선을 침범할 경우에는 마주 오는 차와 정면충돌하기 쉽다.

앞지르기를 하면 시간은 약간 단축될지 모르나 항상 사고의 위험성이 뒤따르고 피로의 가중, 연료의 과다 소비, 타이어의 마모 등 손해뿐이며 이득은 별로 없다.

앞지르기를 할 때는 반대 방향의 교통 및 앞차의 전방 교통에도 충분한 주의를 기울여야 한다. 앞차의 속도나 진로, 그밖의 도로 상황에 따라 경음기를 울리는 등 안전한 속도와 방법으로 해야 한다. 앞차와의 속도 차는 20㎞/h 이상이 돼야 안전하다.

앞지르기가 금지된 곳은 교차로와 터널 안, 도로의 구부러진 곳, 비탈길의 고갯마루 부근, 가파른 비탈길의 내리막 등이며 시·도지사가 표지로써 앞지르기를 금지한 곳이 해당된다. 다른 차가 앞지르려고 신호를 했을 때는 속도를 높여 경쟁하거나 앞을 가로막는 등 방해를 해서는 안 된다.


## 보행자 옆 지날 땐 안전간격 유지 필수

자동차 운전자는 도로를 횡단하는 보행자를 보호해야 할 의무를 지니고 있다. 운전자는 교차로 또는 지시에 따라 도로를 횡단하는 보행자, 교통정리를 하고 있지 않은 교차로와 그 부근에서 도로를 횡단하는 보행자의 통행을 방해해서는 안 된다.

보행자가 횡단보도를 통행하고 있을 때는 일단정지하거나 서행해야 하며 통행을 방해하면 안 된다. 보호자 없이 어린이, 유아가 보행하고 있거나 앞을 못 보는 사람이 흰색 지팡이를 가지고 보행하고 있을 때에는 일단정지하거나 서행해야 한다.

차선이 없는 좁은 도로에서 보행자의 옆을 지날 때는 안전한 간격을 두고 서행해야 하며 보행자의 정상적인 보행을 방해하는 횡단, 회전, 후진을 해서는 안 된다.

운전자는 일반적으로 보행자가 갑자기 뛰어드는 등 위험한 행동은 하지 않을 것으로 생각하고 운전하나, 실제로 보행자는 운전자만큼 교통법규를 잘 알지도 못하고 잘 지키지도 않는 실정이다.

어린이들은 자신이 위험을 느꼈을 때 앞뒤 분별없이 그 위험을 피하려고 예측할 수 없는 행동을 할 때가 많다. 골목길에서 강아지나

공이 튀어나오면 그것을 붙잡으려고 어린이가 뒤따라 튀어나온다는 것을 명심해야 한다.

## 야간 주행 시 전조등 불빛 하향으로

자동차가 밤에 도로를 통행할 때는 등화가 절대 필요한 반면, 그 전조등의 광도가 높아서 엇갈려 지나가는 운전자나 앞차의 운전자가 현혹되어 운전에 지장이 생길 염려가 있으므로 등화 조작의 의무를 반드시 지켜야 한다.

자동차가 밤에 도로를 통행할 때는 등화를 켜야 한다. 자동차가 밤에 켜야 할 등화는 전조등, 차폭등, 미등, 번호등이며 승합, 승용 자동차는 실내조명등을 켜야 한다. 안개 등 기타의 장애로 전방 100m 이내의 장애물을 확인할 수 없는 어두운 곳 또는 터널을 통행할 때에는 낮이라도 등화를 켜야 한다.

'운전 중 대향차와 마주보고 진행할 때에는 빛의 밝기를 줄인다.' '비추는 방향을 아래로 향하게 한다.' '등화를 일시 끈다.' 등의 3가지 중 하나의 방법으로 전조등을 조작해야 한다.

앞차의 바로 뒤를 따를 때에는 전조등 빛의 방향을 아래로 향하도록 해야 하며 함부로 전조등 빛의 밝기를 조작하여 앞차의 운전을 방해해서는 안 된다.

교통이 빈번한 번화가에서는 전조등의 불빛을 계속 아래로 향하게 하고 도로에 주정차할 때는 미등, 차폭등의 등화를 켜야 하며, 시야가 나쁜 교차로나 커브길 등의 바로 앞에서는 전조등을 위로 비추거나 점멸하여 자기 차의 접근을 알리는 것이 좋다.

## 후진 운전자는 장애물 유무를 반드시 확인하라

운전자가 상황에 따른 구체적인 주의의무를 다하지 못하면 그것이 과실이고, 그러한 과실로 인해 사고가 나면 처벌을 받는다.

주의의무의 구체적인 예를 보면, 운전자는 횡단보도에 이르러 일단 정지하거나 속도를 줄여 보행자 유무를 확인 후 안전하게 운전해야 할 업무상 주의의무가 있다. 길 양쪽에 주택가가 있으면 우리나라 교통질서의 현실상 무단 횡단하는 보행자가 많으므로 속도를 줄이고, 만일의 경우 갑자기 도로를 횡단하는 사람에 대비하여 안전하게 운전해야 한다.

또 자동차를 후진할 때는 백미러 등을 통해 차량 뒤쪽에 장애물이 있는지 여부를 살피고 안전하게 운전하여 사고를 미연에 방지해야 할 주의의무가 있다. 차량 통행이 빈번한 교차로에서는 속도를 줄이거나 일단 정지하여 차량의 유무를 확인 후 안전하게 운전해야 한다.

운전자는 앞차가 정지되어 있으면 그 앞으로 사람이 나올 것에 대비, 미리 속도를 줄이고 전방 주시를 철저히 해 안전하게 운전할 주의의무가 있다. 항상 전방 및 좌우를 주시하여 자신의 운전 차량뿐 아니라 다른 차량의 동태를 살펴 운전해야 하는데, 옆 좌석의 애인과 웃으며 쳐다보는 사이에 사고가 난 경우 전방 주시 태만이 인정된다.

고속도로에서 달리던 중 도로 보수 공사 현장에서 앞차가 속도를 줄이는 바람에 들이받은 경우 뒤차는 안전거리 미확보의 잘못이 있다. 운행하는 차의 조향 장치, 제동 장치와 그 밖의 장치를 정확히 조작해야 한다.


## 술 마시고 차 시동 켠 후 이것만은 안 된다

누구든 술을 마시면 운전대를 잡지 말아야 하는 것이 상책이지만, 다음 날 출근이나 사업 관계로 부득이하게 차량을 운전해야만 하는 경우가 있는데 이때 제일 좋은 방법은 대리운전을 해서 목적지까지 가는 것이다.

하지만 소주 한 병 마시고 정신이 멀쩡한 상태로 대리운전을 해서 가기에는 돈이 아깝고 음주 상태에서 운전하자니 찜찜한 생각이 들 때가 있다. 이때 사람들은 '차 안에서 조금 휴식을 취하고 어느 정도 시간이 흐른 뒤 운전을 하고 가야지' 하는 생각으로 차 안에서 눈을 붙이고 시동을 켠 상태에서 히터나 에어컨을 트는 경우가 종종 있다. 주의할 점은 기어를 주행(D)에 놓은 상태에서 브레이크를 밟고 있게 되면 음주운전으로 적발될 수가 있다는 점이다.

최근 법원은 차 시동을 켠 상태에서 기어를 주행(D)에 놓고 브레이크를 밟고 있던 K 씨가 순찰 중이던 교통경찰관에게 음주운전으로 적발된 것이 정당하다고 판결을 내렸다. K 씨가 비록 차를 움직이지 않았더라도 시동을 걸고 기어를 주행으로 맞추어 놓은 것은 언제든지 출발할 의사가 있다고 판단돼 음주운전 처벌 대상이 된다는 것이다.

경찰교육원이 밝힌 음주운전 기준에 의하면 음주운전 단속을 피하기 위해 차를 도로에 세워놓고 도주하면 음주운전죄와 별도로 형법상 교통방해죄로 처벌을 받을 수 있으며, 또한 다른 차량의 주차 및 통행 편의를 위해 주차해 놓았던 차량을 1~2m 움직인 것도 음주운전에 해당하므로 술을 한 잔이라도 마셨다 하면 운전을 하지 않는 것이 상책이다.

일반 도로가 아닌 아파트 단지나 대학 구내식당 주차장 등 사적 공간에 차단기 등으로 차량 통제가 이루어지면 음주운전 단속은 하지 않지만 사고를 내면 형사처분이 가능하며, 면허취소 등의 행정처분은 받지 않는다. 하지만 이런 통행로라도 주차 관리요원이나 차단기 등으로 출입 통제가 이루어지지 않아 통행이 자유로우면 도로로 간주되어 행정처분을 받게 된다.

음주운전 기준 중 하나는 도로교통법상 '도로'에서 운전했는지의 여부로 판정하기 때문이다.

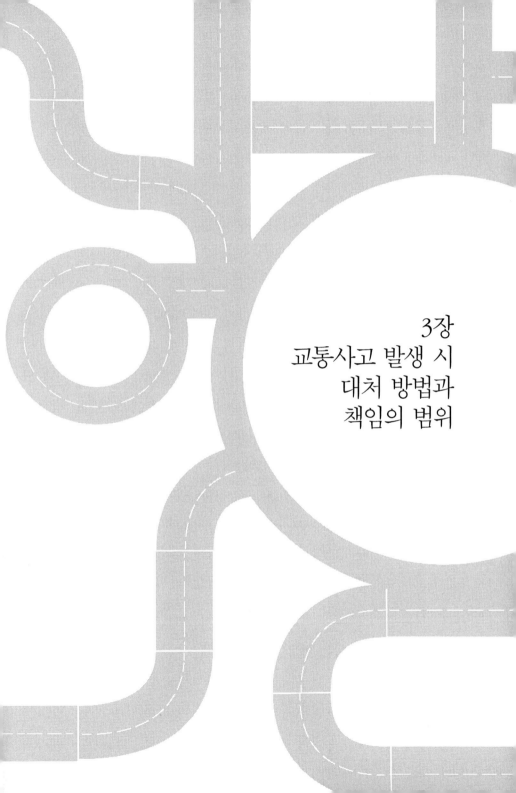

3장
교통사고 발생 시
대처 방법과
책임의 범위

# 3.

## 차주는 운전자 과실 사고 손해배상 책임

민사상 불법행위는 고의 또는 과실로 인한 위법행위로 타인에게 손해를 가하는 것을 말한다. 불법행위는 고의, 과실, 위법행위, 손해, 인과관계라는 요인으로 구분되는데 교통사고를 일으키면 곧 불법행위가 성립된다고 할 수 있다. 어느 곳에서는 '교통사고로 인한…', 또 어느 곳에서는 '불법행위로 인한…'이라고 표현하고 있는데 결국 같은 표현이 될 수도 있다.

민사책임과 형사책임은 교통사고로 사람을 다치게 하거나 타인의 재물을 망가뜨린 경우 형사상 일정한 처벌이나 제재를 받는데 그와 별도로 민사상 그 교통사고로 인한 손해배상의 책임을 지는 것을 말한다. 사고를 낸 운전자가 구속되지 않았거나 집행유예로 풀려나왔다고 해서 피해자가 손해배상을 못 받는 것도 아니고 손해배상을 모두 해주었다고 해서 처벌이 면제되는 것도 아니다.

우리 법률은 민법에서 불법행위에 관해 원칙적으로 과실책임주의를 취하고 있다. 상대편에게 어떠한 손해가 있더라도 내가 잘못한 것이 없으면 나는 책임이 없다는 것이다.

그러나 교통사고에 있어서는 이러한 원칙이 수정되고 있다. 자동차손해배상보장법은 피해자 보호의 입장에서 자동차 보유자에게 사실상 무과실책임을 지우고 있다. 운전사가 잘못하여 사고 낸 경우에도 결국 손해배상은 차주가 해 주어야 하는, 즉 무과실책임이 적용되는 것이다.


## 교통사고 집유기간에 핸들 잡지 마라

집행유예는 3년 이하의 징역 또는 금고의 형을 선고할 때 피고인에게 정상참작 사유가 있는 경우 교도소에서 살아야 할 것을 일정한 제한을 두어 사회에서 생활할 수 있도록 풀어주고 일정한 기간이 무사히 지나면 교도소 내에서 수감 생활한 것처럼 인정해주는 것을 말한다.

일정한 기간은 1~5년이나 보통 선고되는 형의 1.5~2배 정도를 집행유예 기간으로 한다. 교통사고로 사람이 사망한 경우 징역 1년, 집행유예 2년이라는 식이 된다. 집행유예 기간에 또다시 어떤 범죄

행위로 금고 이상의 형을 선고받게 되면 앞서 유예받은 형과 나중에 받은 형을 모두 살아야 한다. 교통사고로 집행유예를 받은 사람은 그 유예 기간 동안은 핸들을 안 잡는 것이 안전하다.

항소는 1심에서 선고된 판결에 불복하여 2심 재판을 청구하는 것이다. 교통사고의 경우는 대부분 형량이 무겁다는 것을 이유로 항소하는 경우가 많다. 항소를 포기하면 1심판결이 확정되어 피고인은 기결수가 되어 머리를 삭발하고 교도소를 옮기기도 하는데, 항소를 제기하면 미결수의 신분을 가진다.

처음 구속되어 항소심 판결까지 보통 6개월 이상 구금 생활을 하게 되며 피고인이 항소한 경우 2심판결은 1심 형량보다 높을 수는 없겠으나 검사도 함께 항소하면 1심 형량보다 더 높아질 수도 있다.

## 인과관계 인정 범위 내에서 손해배상 청구 가능

책임능력이란 자기 행위의 책임을 인식할 수 있는 능력을 말한다. 자기의 행위에 대한 경과 발생을 인식하는 것만으로는 부족하고 그 결과가 위법한 것으로서 법률상 비난받는 것임을 인식하는 정신 능력이다.

민법에는 책임능력을 인정하는 일정한 기준이 없으나 형법의 경우 14세 미만자는 형사 미성년자로 정하고 있다. 미성년자에게 책임능력이 인정되지 않으면 그를 상대로 손해배상 청구를 할 수 없고 미성년자의 감독의무자 또는 대리감독자가 책임을 부담하게 된다.

어느 초등학교 1학년짜리 꼬마가 아빠 몰래 시동이 걸린 자동차에서 장난을 하다가 차가 앞으로 나가 그 앞에서 놀고 있던 아이가 치인 경우 손해배상 책임은 그 꼬마의 아빠에게 있다.

교통사고로 인한 손해는 물질적 손해와 정신적 손해로 크게 나눌 수 있고 물질적 손해는 다시 적극적 손해와 소극적 손해로 나눌 수 있다. 정신적 손해는 위자료를 말하며, 적극적 손해란 사고로 인해 현실적으로 지출된 비용, 예컨대 치료비, 장례비 등을 말한다. 소극적 손해란 장래에 얻을 수 있으리라는 예상 수입이 사고로 인해 소멸될 경우 그 손해를 말한다.

운전자의 과실로 어떤 사고가 있다 해도 피해자의 손해와 사고 간 인과관계가 인정되는 한도 내에서 손해배상을 하게 된다.


## 도로교통법 주의의무 이행 못 할 시 과실 인정된다

자동차 운전자가 도로교통법상에 열거되어 있는 주의의무를 다 이행하지 못한 경우에는 과실이 인정된다. 민사상 손해배상 책임을 지우기 위한 전제로서의 과실은 형사 문제에 있어서 운전자가 업무상 주의의무를 다하지 못한 과실과 같이 보아야 할 것이다.

운전 중에 사고가 일어났다 해도 모든 경우에 운전자에게 과실이 있다고 할 수는 없다. 택시 승객이 갑자기 강도로 돌변하여 흉기를 운전자에게 들이댄 순간 운전자가 당황하여 전방 주시를 제대로 못 해 사고가 난 경우는 운전자에게 과실이 없으므로 면제되어야 한다.

그러나 운전자 스스로의 주의의무 위반이 있는 한 피해자에게 잘못이 있어도 운전자는 과실 책임을 져야 한다. 술에 취한 사람이 길 한가운데서 비틀거리며 걷고 있다면 운전자는 속도를 줄이고 앞사람의 동태를 잘 살펴 이를 피해가거나 사람이 비켜주기를 기다려 진행해야 하는데, 이러한 조치를 취하지 않고 그대로 진행하다 사고를 내면 책임이 있는 것이다. 이런 경우 과실상계는 인정될 수 있겠다.

자동차는 도로를 달리는 인명 피해의 무기로 돌변할 수 있는 것으로 이를 움직이는 운전자는 전후좌우 등을 잘 살펴서 안전하게 운행되도록 주의의무를 지켜야 한다.


## 교통사고 발생 시 운전자와 차주 연대 책임

교통사고를 일으켜 손해를 입힌 경우 운전자에게는 민법 제750조의 불법행위 책임이, 차의 주인에게는 자동차손해배상보장법 제3

조 소정의 운행자로서의 책임이 인정된다. 이 둘의 관계는 부진정연대채무가 성립된다.

피해자는 둘 중의 하나로부터 만족스러운 피해 보상을 받을 수 있으므로 누구든 선택해서 손해배상을 청구할 수 있다. 대체로 재산이 많은 운행자를 상대로 청구함이 보통이다. 차 두 대의 쌍방과실로 사고가 난 경우 승객은 두 차 어느 것에 대해서도 손해배상을 청구할 수 있다. 이와 같은 공동 불법행위의 경우도 양자 간은 부진정연대채무를 진다.

교통사고로 인한 손해배상액 산정에 있어 피해자에게도 잘못이 있는 경우 법원은 그 비율만큼 손해배상액을 감액한다. 피해자의 과실을 참작하는 것을 과실상계라고 한다.

밤에 도로를 무단횡단하던 사람의 과실이 30%, 운전자의 과실이 70%라면 피해자의 과실이 전혀 없었을 때 배상액을 1천만 원으로 봤을 때 손해배상액은 7백만 원이 된다. 과실상계는 법원에서 직권으로 결정한다.

불법행위에 있어서 가해자의 과실은 의무위반이라는 강력한 과실인데 반해, 피해자의 과실을 따지는 과실상계에 있어서의 과실이란 가해자의 과실과 달리 사회통념, 신의성실의 원칙, 공동생활상 요구되는 약한 의미의 부주의를 가리키는 것이다.

## 음주운전 시 인적 사고 합의돼도 처벌받는다

음주운전은 자살행위이므로 해서는 안 되지만, 어떤 이유로 음주운전을 하다가 접촉사고를 냈을 경우 뺑소니칠 수는 없는 것이므로 사고에 대처를 해야 된다.

음주운전(0.05% 이상)으로 사고를 내 사람을 다치게 하면 합의를 하거나 보험에 들었다 해도 처벌을 받게 된다. 다만 음주운전으로 사고가 난 경우라도 사람이 다친 것이 아니라 물적 피해만 입힌 경우는 보험에 가입되어 있으면 8개 예외조항과 관계없이 '공소권 없음'으로 처리된다.

그러나 음주운전은 그 자체만으로도 사고와 관계없이 도로교통법 제148의2(벌칙)2항 규정에 의해 혈중알코올농도가 0.05% 이상 0.1% 미만인 사람은 6개월 이하의 징역이나 300만 원 이상 500만 원 이하의 벌금, 0.2% 이상인 사람은 1년 이상 3년 이하의 징역이나 500만 원 이상 1천만 원 이하의 벌금을 부과하게 된다. 음주운전 행위 자체만으로도 혈중알코올농도 0.1% 이상일 경우 면허가 취소되며, 사고 발생 시 0.05% 이상일 경우라도 면허가 취소된다.

요즈음 자가운전자를 상대로 자동차 강도가 빈번하고 음주 자가운전자를 상대로 접촉사고를 유발케 하는 등으로 금품을 요구하는 사례가 발생하고 있다. 운행 중 다른 차가 위협운전을 하거나 갑자기 차선에 끼어들어 급정거하여 접촉사고를 내게 하는 경우 등은 우선 위험인물로 보아야 한다.

이런 경우 우선 유리창을 조금 내리고 상대와 대화한 후 안전이 확인되거나 경찰 등 관계자가 온 후 밖으로 나와야 한다. 음주운전으로 처벌받는 것을 피하기보다는 자신의 생명과 신체의 안전이 더 중요하기 때문이다.


## 음주 측정 거부는 음주운전과 같은 처벌 적용받는다

경찰 공무원은 교통안전과 위험 방지를 위하여 필요하다고 인정하는 때에는 운전자가 술에 취했는지 여부를 측정할 수 있으며 운전자는 경찰 공무원의 측정에 응해야 한다.

일반 사람들은 경찰관의 음주 측정 요구에 응하지만, 어떤 사람들은 음주 사실이 발각될 것에 대한 두려움 등으로 측정을 거부하는 경우가 많은 것으로 나타나고 있다. 음주 측정 거부도 음주운전과 똑같이 도로교통법에 의해 처벌받으며 음주량은 위드마크(Widmark) 공식에 의해 산출한다.

도로교통법은 음주운전 행위뿐만 아니라 음주 측정 거부자에 대해서도 제148조의2(처벌) 제1항 제2호에서 1년 이상 3년 이하의 징역이나 500만 원 이상 1천만 원 이하의 벌금에 처하도록 규정하고 있다.

그러나 음주 측정을 거부했다고 해서 모두가 처벌받는 것은 아니다. 음주 측정 거부로 처벌하기 위해서는 수사기관에서 운전자가 혈중알코올농도 0.5mg(0.05%) 이상의 주취 상태에서 운전하고서도 거부했다는 것을 밝혀야 한다.

운전자가 음주 측정 거부 시 음주량 산출방법은 위드마크 공식에 의해 혈중알코올농도, 섭취 알코올의 양(음주량[㎖]×술의 농도[%]×0.7894), 음주자의 체중(kg), 성별에 따른 계수(남자 0.7, 여자 0.6)를 풀이하여 산출된다.


## 차체 움직이지 않으면 술 취해도 단속 대상 안 된다

술에 취한 상태에서 시동을 걸고 차 안에 있을 때 음주운전이냐 하는 시비가 간혹 있게 된다. 그러나 술에 취해 있어도 차를 움직이지 않으면 음주운전이 아니다.

물론 처벌을 받아야 할 이유도 없다. 술에 취한 상태란 도로교통법 제44조 및 동법 시행규칙 제91조에 의해 혈액 1㎖당 알코올 0.5mg 이상, 호흡 1ℓ당 알코올 0.25mg 이상으로 음주 측정 수치인 %로 나타내면 0.05% 이상을 말하는 것이다.

사람에 따라서 소주 한 잔을 마시고 맥을 못 추더라도 음주운전이 아니며 소주 한 병을 마셔도 전혀 이상이 없는 사람도 소주 석 잔만 마시면 음주운전이다.

도로교통법에서는 '술에 취한 상태에서 운전해서는 안 된다'고 한다. 술에 많이 취해 있어도 차를 운전하지 않으면 음주운전이 아닌 것이다.

운전 행위라 함은 차체가 전진하거나 후진하여 정지 상태를 벗어나야 한다고 보겠다. 그러나 비탈진 내리막길에서 핸드 브레이크를 푸는 행위로 전진이 되는 것은 운전으로 보아야 한다.

차 안에서 엔진을 걸어놓은 채로 단속 중인 경찰관과 시비가 되었을 때 운전이다, 아니다 하는 논쟁보다는 '기사가 올 때까지 추워서 히터를 틀어놓고 몸을 녹이려고 하는데 왜 그러십니까' 하면 그것으로 더 이상 논쟁할 필요가 없다.


## 무면허 음주운전 적발 시 구속수사 원칙

음주운전으로 인한 대형 교통사고가 줄어들지 않고 계속 증가 추세를 나타내고 있어 보통 검찰은 연말을 앞두고 송년 모임 등으로 자가운전자들의 음주운전이 급증할 것에 대비, 30일까지 음주운전 연말 특별 단속 기간을 설정한다.

검찰은 음주운전을 강력히 단속하도록 전국 경찰에 지시하고 단순 음주운전, 음주 측정 거부, 음주운전 중 교통사고, 음주운전의 교사, 방조 등을 집중 단속할 계획을 세운다.

또 음주운전자 조사와 관련한 직무유기, 음주운전 처벌을 모면하기 위해 뇌물을 수수하는 행위 등을 함께 뿌리 뽑도록 노력한다.

검찰은 또 벌칙을 강화하고 단순 음주운전자라도 혈중알코올농도 0.36% 이상이거나 3회 이상 음주운전으로 처벌받은 경력자와 무면허 음주운전으로 혈중알코올농도 0.3% 이상인 자는 구속수사한다.

음주운전을 하고도 음주운전 측정을 거부하는 행위와 혈중알코올농도 0.16% 이상으로 3주 이상 상해를 입히거나 0.26% 이상으로서 경미한 대인 사고를 냈을 경우에도 합의나 종합보험 가입 여부에 관계없이 구속수사를 원칙으로 한다.

당국의 강력한 음주운전 단속보다도 먼저 본인과 다른 사람에게 큰 피해를 주고 사회 질서를 문란케 하는 음주운전은 모든 운전자 스스로 퇴치해야 한다.


## '운전 시 주의의무' 충실히 이행하라


일반적으로 과실이라 함은 '실수' 또는 '잘못'한 것을 말한다. 통상적으로는 고의에 의한 범죄만 처벌하지만 교통사고의 경우는 일부러 낸 사고가 아니라도 처벌받는다. 교통사고의 경우 '업무상'이란 말이 꼭 들어가는데, 업무라 하면 운전을 직업으로 하는 사람들의 사고의 경우에만 적용될 것으로 생각하기 쉽다. 그러나 직업적이냐 아니냐, 영업용이냐 아니냐를 따지지 않고 핸들만 잡고 차를 운전하면 그것이 바로 운전 업무가 된다.

운전면허를 따고 처음 운전 중 사고가 난 경우에도 '업무상'이란 말이 들어가고 골목길에서 후진을 못 하는 초보운전자를 위해서 잠깐 운전을 대신 해준 경우에도 '업무상'이란 말이 들어간다.

자동차를 운전하는 사람은 보통 사람보다 더 조심해야 한다. 조심해야 하는 행위를 주의의무라고 하며 자동차 운전 그 자체가 업무이기 때문에 '업무상 주의의무'라고 한다.

교통사고가 난 경우 모두 처벌되는 것이 아니라 그 사고의 당시 상황이 어떠했고 그 상황에서는 어떤 주의의무가 요구되며 그 주의의무를 충실히 이행했는가를 따져서 처리하는 것이다. 따라서 자신의 구체적인 주의의무만 이행하면 과실이 없으므로 처벌받지 않는다.


## 운전자 과실 클 땐 합의돼도 '교통특례법' 저촉된다

교통사고처리특례법은 1981년 12월 31일 제정·공포하여 1982년 1월 1일부터 시행한 법률로서 업무상 과실 또는 중대한 과실로 교통사고를 일으킨 운전자에 관한 형사처벌의 특례를 규정하고 있는 법률이다.

동법은 가해자와 피해자 간 합의되거나 자동차 종합보험, 공제조합 가입 차량은 원칙적으로 처벌하지 아니하고, 피해자가 사망하거나 뺑소니 또는 운전자의 과실이 극히 중대한 11개 예외사유에 해당되는 사고는 합의나 보험 가입 여부에 관계없이 처벌토록 되어 있다.

이 같은 법이 제정된 취지는 급증하는 자가운전자의 안정된 생활을 효율적으로 지원·보호하며 신뢰의 원칙을 확립하고 대형 교통사고를 예방하려는 목적으로, 가해 운전자의 이익과 사고 피해자의 이익 조화를 도모하기 위한 것으로 사료된다.

교통사고의 경우 피해자가 사망하거나 뺑소니 사고, 11개 예외조항에 해당되는 경우를 제외하고는 피해자가 처벌을 원치 않는다고 명백히 의사표시를 하면 운전자를 벌할 수 없다. 차량이 종합보험이나 공제조합에 가입되어 있는 경우도 같다.

피해자가 처벌을 원치 않는다는 의사표시는 1심판결 선고 전까지 해야 유효하다. 1심판결 선고 후 피해자가 처벌을 원치 않는다는 의사표시가 있을 때는 유죄판결을 하되 단지 정상참작 자료는 될 수 있다.

## 손해배상 청구할 땐 정확한 증거를 제시해야 한다

입증책임에 있어 교통사고의 경우 당사자 간에 적절한 합의가 되어 해결되면 다행이지만 합의가 이루어지지 않은 경우 피해자는 가해자를 상대로 손해배상청구소송을 제기해야 한다. 이러한 소송을 제기하기 위해서는 무엇보다도 적절한 주장과 그 주장을 뒷받침할 수 있는 증거를 제대로 제출해야 한다.

정확한 교통사고의 경위를 기술하고 손해배상의 책임이 있는 사람을 상대로 내가 입은 손해에 대한 구체적인 증거와 그 배상액을 산정하여 주장해야 한다. 한 달에 50만 원씩 받고 직장에 다니던 중 교통사고로 아무 일도 못 하게 되었으면 50만 원씩을 받았었다는 믿을 만한 증거를 갖추어야 인정을 받을 수 있다.

불법행위에 대해서는 원칙적으로 불법행위를 주장하는 피해자에게 주장입증 책임이 있으므로 피해자는 고의, 과실, 위법성, 손해의 발생, 인과관계 등에 관해 주장을 입증해야 한다.

사용자책임이란 타인을 사용하여 어떤 사무에 종사하게 하고 그 피용자가 그 사무집행에 관하여 제3자에게 손해를 입힌 때, 사용자에 갈음하여 그 사무를 감독하는 자는 피용자의 선임 및 사무 감독을 게을리하지 않았음을 입증하지 못하면 손해를 배상할 책임이 있다는 것이다. 이는 자동차손해배상보장법 제3조에 관련된 것으로 무단운전, 차량 임대 등을 들 수 있다.

## 사고 시 유리한 내용을 위한 증거를 확보하라

교통사고를 당하면 당황만 하지 말고 차분하게 자기 정리를 해서 사건에 대해 본인에게 유리한 내용을 찾아 확실한 증거를 제시해야 한다. 사건이 경찰로부터 검찰에 송치되면 검사는 사건관계기록을 법률적으로 검토하고 종합적인 피의자 신문조서나 참고인 진술조서 등을 작성한다.

검사 앞에서의 진술은 진정성 및 임의성만 있으면 곧바로 증거 능력이 부여되므로 정확히 진술해야 하고 자신에게 유리한 자료들을 제출해야 한다. 경찰에서 받아들여지지 않은 자신에게 유리한 내용을 자료와 함께 제출해야 한다.

현장 사진이나 목격자를 2~3명 정도 확보해 두었다가 검사에게 진상이 경찰조서와 다르다는 내용을 진술하고 목격자를 제시하면 잘못된 사실이 바로잡힐 수도 있다.

검찰 단계에서는 구공판, 구약식, 불기소처분 등을 하게 되는데 가해자의 과실이 인정되고 피해자가 사망한 경우에는 구공판이나 구약식 처분을 받게 된다. 사망사고의 경우 사고 운전자의 과실이 경미하고 합의가 이루어져 검찰에서 구약식 처분을 한다면 대체로 벌금 3백만 원 내지 5백만 원 정도가 된다. 그러나 사망사고의 경우 구약식 처분은 대단히 드물다.

보험으로 처리되는 민사상 손해배상 이외의 형사합의가 이루어진 경우 합의서는 검찰 단계에서 제출하는 것이 좋다.


## 피해자 사망 시 보험 가입 관계없이 구속 원칙

운전자가 교통사고를 처음 당했을 경우 어떻게 처리해야 할지 몹시 당황하게 된다. 교통사고가 났을 때 가해자 입장에서 처리 방법을 알아두어야 한다.

교통사고로 피해자가 사망하면 대부분의 경우 보험 가입과 관계없이 사고를 낸 운전자는 구속된다. 불가항력적인 사고라면 불구속 입건되겠지만 피해자가 일부러 뛰어든 경우가 아니라면 운전자에게 과실이 인정되는 것이 보통이고 과실 정도에 따라 처벌의 경중이 달라질 뿐이다.

사망사고가 아니라도 교통사고 특례법 3조에 명시된 11개 예외조항에 해당하고 상해의 정도가 3~4주 이상이면 구속되는 것이 보통이다. 다친 사람이 여러 명이면 그들에 대한 진단 기간을 합하여 처리되며 뺑소니의 경우 검거되면 구속된다는 것은 당연하다.

경찰에서는 피의자 신문조서를 작성하고 피해자나 목격자들의 진술조서 내지 진술서를 작성하며 실황조사서를 작성한다. 실황조사서는 일종의 현장 검증과 같은 것으로 대단히 중요하며 한번 작성되면 뒤집기 어렵다.

실황조사에 참여할 때는 사고 상황을 상세히 진술 또는 설명하고 자신에게 유리한 자료를 찾아내어 이에 관한 내용이 첨가될 수 있도록 해야 한다.


## 내용 확인 후 실황조사서에 서명하라

교통사고가 발생하면 가끔 사고 운전자끼리 서로 자기가 잘했다며 욕설과 함께 싸움을 벌인다. 그러다 보면 당연히 교통은 마비되고 후속 차량에 의한 사고의 위험성도 있다. 교통사고 발생 시 후속 사고 방지와 원활한 교통을 위해 사고 현장을 정리하고 차량을 길가로 옮겨놓는 등의 조치를 취해야 한다.

여기서 조심해야 할 일이 있다. 누구의 과실에 의한 사고인가는 무엇보다도 사고가 난 그 현장 자체가 가장 유력한 진실을 얘기할 수 있기 때문이다.

이러한 점을 유의하여 현장을 그대로 둘 수 없는 상황에서는 사고를 목격한 증인의 인적사항을 기록하고(2~3명 이상), 부근에 경찰관이 있으면 즉시 현장 조사를 요청해야 한다.

사고를 낸 본인은 사고 현장에서 차량의 최종 위치에 스프레이 등을 뿌려놓고 사고로 인한 유류품, 피해자가 최종으로 넘어진 위치, 부서진 차량 유리 등의 위치에 대한 간략한 약도 작성, 또는 스프레이 등으로 확인해 놓아야 한다. 이는 상당히 중요한 것이다.

경찰 공무원에 의한 실황조사서 작성 시에는 반드시 그 내용을 읽어본 후에 서명날인한다. 만일 틀린 내용이 기재되어 있을 때는 시정을 요구하며 이 요구가 받아들여지지 않을 때는 서명날인을 거부해야 한다. 사고 즉시 현장 사건을 서너 장 찍어놓으면 실황조사서 작성 시 낭패가 없다.


## 가해자 인적사항은 사고 발생 즉시 확보하라

교통사고는 하루에도 몇백 건씩 발생해 많은 귀중한 생명이 희생당하고 있다. 이러한 사고로 피해를 보는 피해자들은 교통사고가 발생했을 때 어떻게 대처해야 하는지 피해보상책을 알아두어야 한다.

교통사고 발생 시 피해자는 우선 현장 보존과 함께 가해자의 인적사항 확보, 검사증, 보험증서 등을 확인해야 한다. 사고가 일어난 경위나 상황에 관한 피해자의 기억이 애매하면 가해자의 주장이나 진술만이 수사나 민·형사 재판에서 근거로 채택될 수밖에 없기 때문에 피해자에게 아주 불리하게 처리되기 쉽다.

피해자는 실제 아무런 과실이 없는데도 가해자가 '피해자는 신호를 무시하고 차도에 뛰어들었다'는 등 빈틈없는 진술을 하게 되면 과실상계가 인정되어 피해자로서 충분한 손해배상을 받지 못하는 억울한 경우도 생기게 된다.

피해자에게 가장 중요한 것은 사고 상황을 보존하는 것이다. 사고 당시 현장 상황이야말로 그 사고가 누구의 과실로 인해 일어난 것이냐에 가장 진실한 대답을 할 수 있다.

피해자는 목격자 2~3명을 확보해 미리 진술서를 받아두고 사고 현장의 상황(최종 위치, 차량이 부서진 위치, 사고 장소가 교차로인가 횡단보도인가 등등), 타이어 자국, 가해자의 음주 여부, 신호의 유무 등 대표적인 것들을 꼭 확인해야 한다.


## 가해 운전자 등 '책임주체' 한데 묶어 소송 가능하다

요즈음 세태는 뺑소니차가 꽤 많은 편으로 피해보상을 받지 못하는 경우가 흔히 있다. 피해보상을 받기 위해서라도 가해자의 신원 확보를 해야 한다. 사고에 대한 손해배상 청구를 누구에게 할 것인가도 문제가 된다. 사고를 낸 운전자에게 책임이 있는 것은 당연하지만 그에게는 재력이 없는 경우가 많다. 피해자는 일단 가해 운전자의 주소, 성명, 직업, 근무처 등을 알아보고 운전면허, 차량 번호 등을 메모해두는 것이 당연한 일이다.

대부분의 차량은 차량검사증 및 보험가입증명서를 소지하고 다

닌다. 사고 발생 시 피해자가 이를 요구하여 확인하면 그 사고 차량의 소유자가 어떤 보험에 가입되어 있는지를 알 수 있다.

차 사고의 경우 손해배상은 운전자, 그의 사용자, 차량의 운행자, 운전자가 공무원인 때는 국가 또는 자치단체가 책임을 지기 때문에 피해자로서는 가능한 모든 책임주체를 한데 묶어 소송을 진행해야 손해배상을 받는 것이 용이해진다.

보험의 가입 여부, 그 종류, 기간 등을 확인해야 한다. K 씨는 가해자 측에서 '치료비는 모두 보험회사에서 지불해 줄 것이니 위자료로 약간의 위로금을 받고 합의해 달라'고 해서 합의해 주었다. 나중에야 그 차는 단지 자가운전보험에만 가입되어 있어 아무런 치료비도 못 받는다는 사실을 알았다. 뒤늦게 합의해준 것을 후회했지만 이미 버스는 지나간 뒤였다. 언제든 합의는 모든 사항을 확인하고 신중하게 해야 한다.


## 차량 정비 불량, 경찰관이 정지 요구할 수 있다

요즘 젊은 여성들의 자가운전이 계속 늘어나고 있는 추세다. 종종 운전자가 교통을 위반하거나 잘못하지도 않았는데 경찰관이 차를 세우고 면허증 제시를 요구하며 불심검문을 할 때가 있다. 여성 운전자의 경우 아무리 경찰관이라고 해도 달리던 차를 정지시켜 들기 거북한 농담 등을 곁들여 검문하면 이유 없는 검문에 응해야 하는지 거북스럽게 된다.

경찰관직무집행법 제3조(불심검문)에 불심검문에 관해 규정하고 있으며, 제1항은 '경찰관은 수상한 거동, 기타 주위의 사정을 합리적으로 판단하여 어떠한 죄를 범하였거나 범하려 하고 있다고 의심할 만한 상당한 이유가 있는 자 등은 정지시켜 질문할 수 있다'고 규정하고 있다.

또 도로교통법 제41조(정비 불량 차의 점검)는 '경찰 공무원은 정비 불량 차에 해당한다고 인정되는 자동차 등이 운전되고 있는 때에는 차를 정지시켜 운전자에 차의 검사증 또는 운전면허증의 제시를 요구하고 그 차의 장치를 점검할 수 있다'고 규정하고 있다.

자동차를 정지시킬 수 있느냐 여부는 국내외로 찬·반 학설이 많으나, 잠시 정지하는 사소한 부담 정도는 시민들의 협력 정신으로 용인되어야 하겠다.

만약 정차시키고 면허증 제시를 요구하는 경찰관에게 기분 나쁘다고 폭력을 행사하면 공무집행방해죄로 처벌받게 된다.

## 사고 시 가해 운전자 자인서 반드시 받아둬라

교차로 진입 시 황색 등화의 경우 교차로에 진입하고 있는 자동차는 신속히 교차로 밖으로 진행해야 한다. 교차로에서 진행 신호를 받고 진행 중 교차로 중간 지점에서 황색등이 켜져 계속 진행하는데 갑자기 우측에서 차가 진입하여 접촉사고가 났을 때 현장에서 어떤 조치를 해야 할지 당황하게 된다.

대부분 사고가 났을 때 그 현장을 그대로 보존한다는 것은 어려운 일이다. 사고 현장을 그대로 보존하기 힘든 상황이라도 다음 지적하는 점들을 반드시 확인해야 한다. 신호 위반, 속도위반, 차선 위반 등의 사고는 그 증거를 쉽게 찾아낼 수 없다. 흔히 교통경찰관이 있더라도 쌍방 과실로 처리되기 쉽다. 사고 현장 그 자체의 흔적을 유지하는 것이 가장 중요하다.

제일 중요한 것은 상대편 운전자로부터 자인서를 간단히 받아두는 것이다. 다음으로 사고 시 최종적인 차의 위치를 표시해 두어야 한다. 교차로상의 사고일 때 사고 지점이 어디냐에 따라 어느 쪽이 신호를 위반했느냐를 가릴 수 있는 유력한 자료가 된다.

사고 발생 시 목소리 큰 사람이 이긴다고 하지만, 아무리 목소리가 커도 정확한 현장의 상황 흔적을 유지하고 유리한 증거를 확보해둔 사람에게는 당해내지 못할 것이다.

# '최저속도' 위반도 범칙금 2만 원 물어야 한다

자동차와 오토바이가 도로를 통행하는 경우에 도로교통법시행규칙 제19조에 규정된 속도를 초과할 수 없다. 교통경찰관에 의해 적발되는 속도위반의 경우 함정단속이 많다 하여 논란이 되고 있지만 우리나라에서는 함정수사도 인정되고 있으므로 속도위반으로 적발되면 통상 범칙금을 물어야 한다.

속도위반에 따른 범칙금은 최고속도보다 시속 20㎞ 이하의 경우는 3만 원, 20㎞ 이상 40㎞ 이하의 경우는 6만 원의 범칙금을 내야 한다. 또 도로에 따라서는 최저속도를 지켜야 하는 경우도 있는데 이를 위반할 경우 2만 원의 범칙금을 내야 한다. 2015년부터는 각종 범칙금이 이전의 배로 부과되기 때문에 특히 과속에 각별히 신경 써야 한다.

11가지 특례 예외사유에 속도위반이 들어 있다. 그러나 모든 속도위반이 다 예외사유가 되는 것은 아니다. 교통사고처리특례법 제3조 2항 단서 3호에는 제한속도를 20㎞ 초과하여 운전하다가 사고 난 경우만을 예외로 하고 있다.

따라서 제한속도보다 15㎞ 정도의 과속으로 달리다가 사고 난 경우 예외사유가 아니므로 종합보험에 가입되어 있으면 처벌받지 아니한다. '20㎞를 초과'의 뜻은 단 1㎜를 넘어야 한다는 이론과 20㎞를 포함한다는 이론이 있으나 실무에서는 20㎞를 포함하는 쪽으로 해석되고 있다.

## 횡단보도에서 사고 나면 합의 관계없이 처벌된다

도로교통법 제27조 1항에서 운전자는 보행자가 횡단보도를 통행하고 있을 때는 일단정지하거나 서행하여 그 통행을 방해하지 아니하도록 해야 한다고 규정하고, 교통사고처리특례법에서는 횡단보도에서의 보행자 보호 의무를 위반하여 운전하다가 사고가 난 경우는 특례의 예외로서 합의 보험 가입 등에 무관하게 처벌하도록 규정하고 있다.

횡단보도는 신호등 있는 횡단보도와 신호등 없는 횡단보도가 있는데, 신호등 있는 횡단보도의 경우에는 횡단 신호일 때만 횡단보도이며 정지 신호일 때는 횡단보도의 성격을 상실한다. 보행자 정지 신호일 때 횡단하던 사람을 치면 이는 무단횡단자를 친 경우로 예외 사유에 해당되지 않는다.

횡단보도 사고라 함은 피해자가 보행자여야 한다. 보행자란 걸어가는 사람을 말한다. 자전거나 오토바이를 타고 건너던 사람을 친 경우는 횡단보도 사고로 다룰 수 없다. 그러나 오토바이나 자전거에서 내려 이를 끌고 건너가는 사람은 보행자에 해당된다.

신호등이 없는 횡단보도에서는 보행자를 우선 보호해야 할 의무가 부여되므로 일단정지하거나 서행하여 보행자가 안전할 때 진행해야 한다.

## 교차로에서 통행 우선권 인정되는 직진 차

　이미 좌회전을 끝마칠 무렵에 있던 차의 운전자에게는 반대차선 진행 차의 무모한 돌진에 대비해 운전해야 할 주의의무는 없다. 따라서 처벌받지 않는다.

　교통정리가 행해지고 있지 않은 교차로에서 직진하려는 차와 좌회전하려는 차 사이에는 직진하려는 차에 통행 우선권이 인정되는 것이 원칙이다. 그러나 좌회전하려는 차가 이미 교차로 안으로 진입하여 좌로 방향을 전환하고 있는 경우에는 아직 교차로 안으로 진입하지 않은 직진하고자 하는 차는 좌회전 중인 차의 진행을 방해해서는 안 된다.

　좌회전하려는 차가 150m 이상 전방에서 직진하는 차를 보고 좌회전을 마칠 단계에서 직진 차가 박았을 경우 이 사고는 전적으로 직진 차에 잘못이 있다.

　이러한 사고에 있어 좌회전 차 운전자를 처벌하려면 그에게 업무상 요구되는 주의의무를 다하지 못한 과실이 인정되어야 하는데, 좌회전 차의 운전자는 아직 교차로 안으로 진입하지 않은 피해 차를 위해 좌회전 중에 일단 정차하기 어렵고, 일단정지를 무시하고 진입한 직진 차에 대비하여 운전해야 할 업무상 주의의무까지 있다고 볼 수 없는 것이다.

## 2차선 도로에서 중앙선 침범 운행 가능하다

중앙선은 황색 실선과 황색 점선이 있는데 황색 실선은 자동차가 넘어갈 수 없음을 표시하고 황색 점선은 반대 방향의 교통에 주의하면서 도로 양측으로 넘어갈 수 있음을 표시하는 것이다.

자동차 진행 중 앞에 버스 등이 정차해 있는 경우 뒤차는 이를 추월하기 위해 중앙선을 침범하는 경우가 많다. 바쁜 시간에 정차한 버스가 진행하기를 기다렸다가 다시 진행한다는 것은 따분한 일이며 이런 경우의 중앙선 침범은 불가항력이라고 당연시할지 모른다.

그러나 앞서가던 버스가 정차하여 진행로를 가로막고 있었다 해도 이를 피해 중앙선을 넘어가는 것은 엄연한 중앙선 침범으로, 이로 인한 사고는 교통사고처리특례법의 예외사유에 해당되어 설사 사고 차가 종합보험에 가입되어 있다 해도 사고를 낸 운전자는 처벌받게 된다.

그러나 만일 앞의 차량이 정차된 것이 아니고 주차되어 있던 것이라면 얘기는 달라진다. 왕복 2차선의 좁은 도로에서 진행 방향에 대형차가 주차되어 있어 이를 피해 가느라 중앙선을 넘어가는 것은 부득이한 행동이므로 이런 경우에는 사고가 나도 중앙선 침범으로 인한 사고로 볼 수 없는 것이다.

## 차 시동키 두고 사고 나면 과실 책임 따른다

형법 제268조는 업무상 과실로 인하여 사람을 사상케 한 경우 5년 이하의 금고 또는 2천만 원 이하의 벌금에 처한다고 규정하고 있다.

또 교통사고처리특례법 제3조는 차의 운전자가 업무상 과실치사상죄를 저지른 때에는 5년 이하의 금고 또는 2천만 원 이하의 벌금에 처하도록 규정하고 있다.

운전자가 차를 세워 시동을 끈 후 시동키를 그대로 두고 1단 기어만 넣은 상태에서 자리를 떠난 사이 옆 좌석의 어린애가 시동을 걸어 행인을 사상케 한 경우, 운전자는 업무상 과실치사상죄로 처벌받게 된다. 업무상 과실치사상죄는 고의가 아닌 과실로 인해 사람이 다치거나 죽는 경우를 말하는 것으로 과실에 대해서는 결과에 대한 예견 가능성이 필요한 것이다.

운전자는 사고를 미리 막을 수 있는 제반 조치를 취해야 할 업무상 주의의무가 있으며 이러한 주의의무를 게을리한 것은 운전자로서 업무상 과실이다. 위 사고의 경우 운전 중 사고가 아니므로 교통사고처리특례법이 아닌 형법 제268조에 해당되며, 키를 꽂아두고 안전장치 없이 차를 떠난 행위와 사고 사이에는 간접적인 인과관계가 인정되고 있다.

인생운전 안전신호등

## 11가지 예외조항에 해당되지 않으면 면책

자동차종합보험에 가입되어 있는 경우 사람을 치어 다치게 하면 피해보상은 모두 보험회사에서 책임지기 때문에 사고를 낸 운전자는 그 사고가 11가지 예외조항에 해당되지 않으면 처벌받지 아니하고 공소권 없음으로 처리된다.

그러나 첫 번째 충격사고로 반대차선에서 2차 충격으로 사망했을 경우 첫 번째 사고를 낸 운전자에게도 업무상 과실치사의 책임이 돌아간다.

첫 번째 사고를 낸 운전자는 피해자가 충격으로 인해 튕겨나가 반대차선에 떨어지면 달려오던 차에 의해 다시 치일 가능성이 충분히 예견되어 인과관계가 인정되고 있다.

상대편 차선을 달려오다 2차 충격을 가한 운전자는 전방주시태만, 안전거리미확보, 속도위반 등의 과실로 충격을 가한 경우라면 사망에 대한 책임을 져야 하고 만일 2차 충격이 불가항력에 의한 경우라면 면책될 수 있다.

교통사고로 인한 사망은 사고 후 병원에서 치료를 받다가 회복되지 못하고 사망한 것도 포함된다. 또 처음에 중상정도이고 보험에 가입되어 불구속으로 사건이 진행되다가 피해자가 사망하면 구속수사 하는 것이 일반 관행이다.

# 급정차로 놀라 넘어진 사람 피해서 운전해도 뺑소니 아니다

운행 중 무단횡단자를 발견, 급정차하는 바람에 놀란 피해자가 길에 넘어진 것을 보고 이를 피해 계속 주행했을 때 피해자가 다친 것은 운전자의 업무상 과실에 기인한 것이 아니므로 뺑소니에 해당되지 아니한다.

뺑소니란 자동차, 오토바이 등의 운전 중 업무상 과실치사상죄를 범하고도 피해자에 대한 구호조치를 취하지 않고 그대로 도망하는 것을 말하는 것으로 이는 특정범죄가중처벌 등에 관한 법률 제5조의3(도주차량 운전자의 가중처벌) 위반죄에 해당되어 사안에 따라 1년 이상의 유기징역, 심한 경우는 사형, 무기징역까지 해당된다.

여기서 도주라 함은 사망 또는 상해의 사실을 알고도(미필적 고의 포함) 사고 후 구호조치 없이 현장을 이탈하는 것을 말한다. 그런데 중요한 것은 차의 교통으로 인해 상해를 입히거나 사망한 경우여야 한다.

무단횡단자가 급브레이크에 놀라 넘어진 사안이 어떻게 보면 다친 것과 급정차 사이에 인과관계가 있는 것으로도 보일 수 있으나, 운전자가 사고를 피하기 위해 급정거 시 차와 충돌하지 않고도 피해자가 당황해서 넘어져 다치는 것까지 예견하여 조심스럽게 운전해야 한다는 것은 운전자의 업무상 주의의무라 할 수 없다.

인생운전 안전신호등

# 렌터카, 알고 빌려 타라

렌터카를 빌려 타고 가다 사고를 냈던 자신이 운전하고 가던 차를 과실로 망가뜨린 경우는 처벌하지 아니한다. 형법 제366조는 타인의 재물 또는 문서를 손괴 또는 은익 기타 방법으로 그 효용을 해한 자는 3년 이하의 징역 또는 700만 원 이하의 벌금에 처한다'고 규정하고 있다.

또 도로교통법 제151조(벌칙)에서 '차의 운전자가 업무상 필요한 주의를 게을리하거나 중대한 과실로 다른 사람의 건조물이나 그 밖의 재물을 손괴한 때는 2년 이하의 금고나 5백만 원 이하의 벌금의 형으로 벌한다.'라고 규정하여 과실에 의한 손괴도 처벌한다.

그러나 도로교통법 151조의 규정은 타인의 재물을 손괴한 경우라야 처벌을 받는다는 점을 감안, 동법 입법 취지는 도로 운송에 즈음한 차 운행과 관련 없는 제3자의 재물을 보호하려는 데 있다.

따라서 다친 사람이 없고 차 이외의 다른 사람의 재물이 망가지지 않은 이상 아무런 죄가 되지 아니하고 단지 안전운전 불이행에 따른 스티커를 발부 받는데 그치게 된다. 또 이러한 사고 내용을 경찰관서에 신고할 의무도 없는 것이다. 다만 렌터카 피해에 대해 민사상 보상 청구할 수밖에 없다.

## 운전자는 면허증을 소지해야 한다

운전면허증 없이 운전하거나 운전면허증 제시 요구에 불응한 경우는 도로교통법 제155조에 의해 20만 원 이하의 벌금이나 구류의 형에 처해진다.

도로교통법에 따라 경미한 교통법규 위반에 관한 처벌 규정을 두고 있는 바, 사고 없이 단순히 교통법규를 위반한 것까지 모두 도로교통법에 정해진 벌칙으로 처벌하면 불합리한 경우가 많으므로 위에 포함된 교통법규 위반을 범칙행위라 하며, 이에 대해서는 경찰서장의 통고 처분에 의한 범칙금을 납부하도록 하고 있다. 그러나 사고 없이 단순한 교통법규 위반자라고 하여 모두 범칙자로 처리되는 것은 아니다.

도로교통법 제162조에서는 범칙행위 당시 운전면허증을 제시하지 못한 자동차의 운전자는 범칙자가 아니라고 하고 있다. 따라서 운전면허증 없이 운전하다 교통법규 위반으로 적발된 경우는 범칙금 제도의 편리함을 맛보지 못하고 일반 형사절차에 의해 처리된다.

따라서 면허증을 소지하고 있지 않은 운전자가 신호 위반으로 적발되었을 경우는 운전면허 불소지에 의해 도로교통법으로 처벌받는 동시에 신호 위반으로 처벌받게 된다.

만일 운전면허증을 소지하고 있었다면 신호 위반에 따른 범칙금만 내면 될 것을 면허증을 소지하지 않음으로 인해서 경찰, 검찰에

왔다 갔다 해야 하고 또한 범죄 기록 카드에도 입력되니 얼마나 큰 손해인가. 그러나 운전면허증을 소지하지 않았다 하여 무면허 운전으로 취급되는 것은 아니다.

## 선고유예 이상 형 받으면 공직생활 끝난다

교통사고로 사람을 다치게 하거나 사망하게 한 경우는 5년 이하의 금고 또는 5백만 원 이하의 벌금형에 처해진다. 부상에 그친 경우는 합의되거나 보험에 가입되어 있는 경우는 '공소권 없음'으로 처리된다.

공무원이 금고형의 실형이나 집행유예, 선고유예를 받게 되면 공무원 생활을 못 하게 된다. 그런 반면 벌금은 5백만 원을 내더라도 공무원 생활하는 데 지장이 없다. 따라서 공무원이 불의의 교통사고로 사람을 사망케 한 경우에는 보험회사에서 지급하게 되는 민사 손해배상 이외에 별도의 형사 합의를 보아야 하며, 이 합의를 볼 때 그 액수가 자신의 능력으로 감당하기 힘들더라도 가능하면 합의를 보아야 할 것이다.

일단 피해자의 유족과 원만히 형사 합의를 보고 변호사의 도움을 받는다면 검찰 단계에서 구약식으로 벌금 3백만 원 내지 5백만 원 정도를 내고 풀려나올 가능성이 있다. 합의가 늦어져 기소된 후에 합의가 이루어지면 그때는 벌금형을 선고받기가 상당히 어려워진다. 재판 단계에서의 은전은 집행유예 정도가 보통이기 때문이다.


## 보행자는 횡단보도 선을 벗어나지 않아야 한다

횡단보도 앞에서 기다리고 있다가 청색 신호등이 켜지면 사람들이 우르르 길을 건너간다. 길을 건너는 사람들의 대부분은 횡단보도 표시가 되어 있는 구역 안으로 건너가지만, 어떤 이는 아예 횡단보도를 벗어나 건너기도 하고, 어떤 이는 처음에는 횡단보도를 따라 잘 건너다 중간쯤에서 옆으로 빠져나가기도 하고, 어떤 이는 대각선으로 뛰어가기도 한다.

또한 신호가 거의 끝나갈 무렵 횡단보도로 뛰어드는 사람도 있고, 푸른 등이 깜박거릴 때 뛰어들었다가 길 가운데 중앙선 부근에서 오도 가도 못 하고 다음 신호까지 갇혀 있는 사람도 있다.

횡단보도의 개념은 상당히 엄격하여 신호에 맞춰 횡단보도 선 안으로 건너는 사람만이 보호받을 수 있는 보행자이고, 위에서 예를 들은 많은 경우는 보호받지 못하는 보행자이기에 사고를 당하더라도 완벽한 보상을 받을 수 없다. 횡단보도 선을 약간 벗어나 건너다 사고 난 경우 보행자는 사안에 따라 약 20%의 과실을 인정할 수 있을 것이다.

## 운전자는 횡단보도 상에서 무단 보행자 주의

신호기가 설치되어 있는 횡단보도에서 사고가 난 경우, 차량 정지 신호를 무시하고 진행하다가 사람을 쳤다면 보행자 보호 의무 위반으로 처벌받고, 신호를 무시하고 건너던 사람을 친 경우는 사안에 따라 달라진다.

먼저 사람이 사망하면 그가 신호를 위반하여 무단횡단했다 해도 운전자는 형사처분을 면치 못한다. 우리나라의 교통질서 수준으로 보아 보행자가 신호를 100% 지킨다고 볼 수 없기에 운전자는 차량 진행 신호이더라도 혹시 뛰어들지 모르는 횡단자를 예상하고 주의해서 운전해야 한다.

한편 무단횡단자가 사망치 아니하고 부상한 경우에는 종합보험에 가입되어 있거나 합의가 이뤄지면 공소권 없이 다뤄진다. 그러나 신호등은 계속 바뀌므로 운전자와 보행자 간 서로 신호 위반의 책임을 전가하려 하기에 상당히 골치 아파진다는 점을 감안하여 사고 당시의 목격자를 확보하여 간단한 신상을 파악해두는 것이 필요하다.

그렇지 못한 경우는 보행자의 잘못으로 인한 사고인데도 책임을 뒤집어쓰거나 상당한 곤욕을 치르는 경우가 종종 있다.

## '횡단보도 선' 사고 시 최고 50%까지 과실상계

신호에 따라 횡단한다는 것만으로는 보행자로서 보호를 받지 못하고, 횡단보도 선 내로 지나가야만 보행자로서 보호받을 수 있다. 따라서 비록 신호에 따라 건너고 있었다고 하더라도 횡단보도 선을 벗어나 건너다 사고가 발생하면 민사상으로는 횡단보도를 벗어나 건넌 보행자에게 과실을 인정하여 이를 상계한다.

그 비율을 대략적으로 살펴보면, 횡단보도 언저리(10m 내외)를 따라 건너다 일어난 사고의 경우는 피해자인 보행자의 과실을 약 20%, 횡단보도가 가까이 있지 않으면서 왕복 6차선 이상의 넓은 도로를 무단횡단한 경우는 약40%, 왕복 4차선 이하의 일반 도로는 약 30%의 피해자 과실을 인정한다. 횡단보도로부터 약 50m 내외 떨어진 곳을 무단횡단한 경우는 1분 정도만 이동하면 횡단보도인데 그것이 귀찮아 무단횡단한 것이기에 근처에 횡단보도가 없는 경우보다 더 크게 과실상계하며 그 비율은 약 40~50% 정도이다.


## 보행자는 보행 신호를 따라 횡단해야 한다

횡단보도를 건너다 사고를 당한 경우 과실상계의 대략적 기준은 어느 정도일까. 이는 신호등이 설치된 횡단보도와 신호등이 없는 횡단보도에서 각각 사고가 달리 평가되며 또한 사고 당시 횡단자의 행동에 따라 달라진다.

우선 신호등이 설치된 횡단보도의 경우를 살펴보면 보행자가 신호기의 보행 신호에 따라 횡단한 경우에는 과실상계를 하지 않고, 청색 신호에 따라 횡단하던 중 적색 신호로 바뀌었는데 이를 무시하고 뛰어 건너다 사고가 난 때에는 보행자에게 20%, 보행자 주의 신호일 때 뛰어 횡단하던 중의 사고에는 30%, 빨간 신호를 무시하고 건너던 보행자에게는 70%의 과실을 인정한다.

한편 신호등 없는 횡단보도의 경우는 보행자가 좌우를 잘 살피면서 안전에 유의하며 횡단하던 중 사고가 난 경우에는 과실상계를 하지 않고, 좌우 안전을 잘 살피지 않은 채 뛰거나 걸어서 횡단하다 사고를 당한 경우에는 10%의 과실을 인정함이 일반적이다.


## 자전거 타고 건너는 사람은 보행자가 아니다

횡단보도를 건너는 보행자가 있을 때 운전자는 일단정지하여 보행자가 안전히 횡단한 후에 진행할 의무가 있다. 교통사고처리특례법의 8개 예외사항 중 자주 문제되는 것이 횡단보도 사고이다. 일반적으로 말할 때는 횡단보도 사고라고 하지만 법조문에서는 '횡단보도에서의 보행자 보호 의무 위반'이라고 한다. 소유한 차량이 보험에 가입되어 있는데 신호등이 설치되어 있지 않은 횡단보도에서 자전거를 타고 건너던 학생을 치어 다치게 하면 법적인 문제가 대두되는데, 이 사고의 경우는 횡단보도를 건너던 사람이 자전거를 타고 건넜으므로 보행자에 해당되지 아니한다.

따라서 이 사고의 경우는 보행자 보호 의무 위반이 아닌 일반적인 사고로 다뤄져 운전자는 공소권 없음으로 처리되고 보상 문제는 모두 보험회사에서 처리해준다. 그러나 자전거를 끌고 걸어서 건너던 사람을 친 경우라면 보행자로 간주하고 횡단보도 사고가 되어 처벌받게 된다.

## 자전거 사고도 교통사고에 해당한다

주 5일 근무가 실시된 이후로 레저 인구가 급증하고 있다. 그중 건강을 위해 봄부터 가을까지 산과 바다 어디든 가릴 것 없이 자연을 벗 삼아 달리는 자전거 동호인들의 활동이 눈에 많이 들어온다. 이와 더불어 도로상에서 자전거 추돌 등 크고 작은 사고가 빈번히 발생한다. 이럴 때 과연 자전거로 인한 사고도 교통사고에 해당하는지가 우선 문제가 된다.

일반적으로 교통사고라고 하면 자동차나 오토바이에 의한 사고만을 생각하기 쉬운데, 현행 도로교통법과 교통사고처리특례법의 해석상 자전거로 인한 사고의 경우도 교통사고에 해당한다고 볼 수 있다.

예를 들어 K 씨가 친구들과 함께 막걸리를 취할 정도로 나눠 마시고 자전거를 타고 돌아오던 중 술기운에 비틀거리다 앞서가던 행인을 치어 다치게 하면 교통사고 처리 문제가 생긴다.

자전거의 경우 보험 가입의 문제가 없으며 단지 당사자 간의 합의에 따라 처리될 뿐인데, 여기서 11개 예외항목 해당 여부가 문제된다. 11개 예외항목 중에서 속도위반, 무면허 운전, 음주운전 등의 3가지는 오직 자동차와 오토바이에만 적용되는 것이고 자전거로 인한 사고에는 적용되지 않는다. 자전거는 음주운전을 단속하지 않는데 이는 운전면허 취득 의무가 없기 때문이다. 하지만 교통사고를 내면 처벌을 받게 되는데 이때 피해자와 원만히 합의를 보면 공소권 없음으로 처리될 것이다.


## 맥주 1~2잔은 음주 아닌 단순 사고 처리 가능

대다수 사람들은 단순히 술을 마신 상태에서 음주운전을 하기만 하면 문제가 되어 보험 가입에 관련 없이 처벌받게 될 것이라고 생각하기 쉽다. 하지만 사람마다 주량이 다르고 술이 몸으로 흡수되는 것도 차이가 있기 때문에 음주 측정을 안 한 상태에서 처벌을 받을 것이라고 미리 짐작하고 당황해서는 안 된다.

도로교통법에서는 음주 측정 수치 0.05% 이상(통상 맥주 3~5잔)의 경우를 음주운전 한계로 정해 놓고 있다.

가령 맥주 반 잔만 마시면 얼굴이 빨개지고 머리가 어지러워질 정도로 술이 약한 사람이 모임에서 지인의 권유로 맥주 두 잔을 마시고 정신이 얼얼한 상태에서 차를 몰고 가다 사고를 냈을 때, 피해자가 사고자의 빨간 얼굴만으로 음주운전을 들먹이며 합의금을 요구하면 일반적으로 처벌이 두려워 원하는 대로 처리하는 수가 많다. 필자 역시도 지레 겁을 먹고 사고를 원만히 해결한 적이 있다. 하지만 음주운전을 빌미로 피해자가 터무니없이 거액의 합의금을 요구하면 문제가 심각해진다. 술 한 잔만 마셔도 반응이 오는 사람의 경우라면 음주운전에 해당하지 않을 수가 있다.

물론 한 잔이라도 마셨다면 운전대를 잡지 않는 것이 상책이다. 다만 술이 약한 사람인 경우는 음주 측정하면 약 0.03% 정도일 가능성이 높다. 이 사고의 경우 측정을 통해서 0.05% 이하로 나오게 되면 훈방 조치되고 음주운전이 아닌 사고로 처리되며, 종합보험에 가입되어 있다면 별도의 합의도 필요 없다.


## 교통사고 내도 연금 계속 받을 수 있다

공무원이 20년 이상 재직하고 퇴직했을 때에는 사망할 때까지 퇴직연금을 지급한다. 본인이 원하면 퇴직연금을 일시불로 받을 수도 있다.

이러한 연금에 관하여는 일정한 지급 제한이 있는데, 공무원 또는 공무원이었던 자가 재직 중의 사유로 금고 이상의 형을 받거나 탄핵 또는 징계에 의해 파면된 때는 대통령령이 정하는 바에 따라 급여액의 일부가 감액된다.

그러나 일단 퇴직한 후의 사유는 이미 받아오던 연금에 영향을 미치지 못한다. 따라서 이러한 상황에서는 교통사고가 어떻게 처리되든지 관계없이 지금까지 받아오던 연금을 계속 받을 수 있다.

한편 공무원 신분에 있는 자의 교통사고라도 공소권 없음 또는 기소유예 처분을 받거나 벌금형을 받은 경우에는 신분에 아무런 영향이 없다.


## 자가용 영업과 무면허 운전은 보험 혜택 못 받아

자동차가 종합보험에 가입되어 있으면 대부분 보상을 받을 수 있지만 일정 상황에서는 보상받지 못하는 경우가 있다. 그 대표적인 것이 무면허 운전과 유상 운송의 경우이다.

B 씨는 집안일로 지인의 도움을 받아 차를 이용하여 시골에 내려갈 때 고맙다는 인사와 함께 차비로 기름값과 고속도로 통행료

명목 5만 원을 주었다. 그런데 고속도로에서 지인의 운전 미숙으로 사고를 당했다. 이 경우 B 씨는 보상을 받을 수 있는지가 문제가 되었다.

요즘 교통 사정이 안 좋아 자가용 영업차를 타게 되는 경우가 종종 있는데 이는 만일의 사고가 발생하면 보험 혜택을 받지 못하게 된다는 것을 각오해야 한다. 차를 운전한 사람이 무면허(면허 정지 기간의 운전 포함)이거나 타인을 돈을 받고 태워주다 사고가 나면 보험 혜택을 받지 못한다.

따라서 위와 같은 경우 미리 대가를 지급하거나 약속하지 않고, 대가와는 관련 없이 지인 간에 휴게실에서 점심값을 지불한다거나 또는 연료를 넣을 때 '기름은 내가 넣어 줄게'라며 호의로 넣어주는 정도는 괜찮다. 그러나 운송 대가로서 지급했을 때는 보험 혜택을 받지 못한다는 것을 명심해야 할 것이다.


## 음주운전 중 사고도 보험 혜택 가능하다

H 씨는 거래처 사람들과 점심을 먹으면서 영업상 부득이 술을 마시게 되었다. 그리고 음주 상태로 운전 중에 졸음을 참지 못하고 순간적으로 신호 대기 중이던 차량을 들이받아 앞차에 타고 있던 운전자가 다치고 양쪽 차가 모두 심하게 부서지는 사고를 냈다. 이

때 H 씨는 보험 혜택을 받을 수 있을까?

운전 경력이 오래된 택시 기사들에게 물어보면 음주운전의 경우 보험 혜택을 받을 수 없다고 대답하는 경우가 대부분이다.

또한 일반인도 음주운전은 처벌뿐 아니라 보험 혜택도 못 받기 때문에 자신의 인생이 음주운전으로 돌이킬 수 없는 나락으로 떨어지는 것이 아닌가 하고 무섭게 여기는 수가 많다.

물론 음주운전을 안 하면 걱정할 일이 아니지만, 어쨌든 이는 보험 약관을 잘못 이해하는 것이다. 현행 보험 약관에 의하면 음주운전 중의 사고이더라도 상대편이 다친 것과 상대편의 재물이 손괴된 점에 대해서는 보험 처리가 된다.

그러나 자신이 다친 경우의 치료비 및 휴업 보상금과 자기 차가 망가진 것에 대한 수리비는 지급되지 않는다. 즉 음주운전 사고의 경우 대인, 대물은 보상되고 자손, 자기 차는 보상되지 아니한다.

## 반드시 차종에 맞는 면허로 운전하라

운전면허에는 1종과 2종이 있는데, 2종 보통면허의 경우 운전할 수 있는 차의 종류는 승용 자동차, 승차 정원 9인 이하의 승합자동차, 적재중량 4t 이하의 화물 자동차, 원동기 장치 자전거 등이다.

K 씨는 2종 보통운전면허를 소지하고 있다. 그는 얼마 전 회사에

서 봄 야유회를 갈 때 11인승 카니발을 운전하던 중 국도에서 무단 횡단하던 학생을 치어 다치게 하는 사고를 냈다. 이 사고로 인해 K 씨는 인적·물적 피해를 본인이 부담하게 되었다.

9인승 승합차는 11인승 승합차와 같은 것을 말하는데 실제로 차를 운전하는 데 있어 그다지 차이는 없을 것이다. 그러나 위 경우는 운전할 수 있는 차가 아닌 자동차를 운전한 것이기에 무면허 운전으로 다뤄지게 된다. 따라서 위 차가 종합보험에 가입되어 있다고 하더라도 무면허 운전으로 처벌받고 보험 처리도 되지 않아 뜻하지 않게 손해를 보는 것이다. 따라서 무슨 차든 다 운전할 수 있다고 과신하지 말고 반드시 자신이 소지하고 있는 면허대로 운전해야 한다.


## 음주운전 중 재물만 파손된 경우 공소권 없다

A 씨는 저녁 퇴근 시 동료들과 소주를 반 병가량 마시고 운전하다가 앞서가던 택시를 들이받아 견적 결과 150만 원의 수리비가 발생하는 손괴사고를 냈지만, 다행히 택시 운전자나 승객은 전혀 다치지 않았다.

음주한 사실을 눈치챈 택시 운전자는 5백만 원을 내면 합의해 주겠다며 제안을 해왔다. 직장 초년생인 A 씨는 그를 지불할 만큼의 여유가 없어 고민에 빠져있다. 일반적인 사고가 발생해도 당황스럽고 뒤처리를 어떻게 할까 고민하게 되는데 더구나 음주운전 사고라면 더욱더 당혹스럽다.

이 경우에는 인명 피해가 아닌 단순 물적 피해 사고로, 종합보험에 가입된 차가 사고를 낸 경우 보험회사에서 전 손해를 보상해주기에 이미 합의가 이뤄진 것으로 보아 일반적인 경우 공소권 없음으로 처리된다.

그러나 피해자가 사망한 경우나 교통사고처리특례법 소정의 8개 항목에 해당하는 사고, 뺑소니의 경우는 보험 가입에 관계없이 처벌된다. 음주운전 중 사고의 경우도 8개 예외사유에 해당하지만 위 사안은 사람은 다치지 아니하고 자동차만 망가진 경우이다.

위와 같이 재물 피해만 입힌 경우는 음주운전 사고라도 공소권 없음으로 다뤄지므로 피해자와 합의할 필요가 없다. 그러나 음주운전 자체에 대한 도로교통법 소정의 처벌(위의 경우 벌금형이 보통)은 받게 된다. 어떠한 경우에도 음주운전 사고는 운전자에게 불리하게 작용하는 것만은 사실이다.

4장
음주운전은
예고된 황천길이다

# 4.

## 관대한 술 문화가 흉기로 돌변한다

전 세계에서 대한민국 사회처럼 술 마시기 좋은 사회는 없다고 한다. 언제부터인지는 모르지만 우리는 담배를 피우는 것에 대해서는 다소 엄격하게 규제하면서도 술을 마시는 것에 대해서는 관대한 편이다.

이러한 술 문화는 우리 사회를 정이라는 끈으로 이어온 긍정적인 면도 있지만 과도한 술 문화는 사회에 해악을 끼치는 흉기로 돌변하기도 한다.

2012년 6월 12일 도로교통공단에 따르면 2011년 음주운전 단속에 걸린 사람 25만8,213명 가운데 3회 이상 음주 단속에 걸려 면허 정지 또는 취소처분을 받은 사실이 있는 사람은 15.3%인 3만9,335

명에 달했다.

이 비율은 2007년 10.2%, 2008년 11.3%, 2010년 14.6%에 이어 꾸준히 늘고 있다. 경찰청에 따르면 매년 2만8천 건이 넘는 음주운 전자들이 사회적으로 끼치는 피해를 살펴보면 2013년도 한 해 음 주운전으로 총 727명이 숨지고 4만7,711명이 다치는 등 사상자가 무려 4만8,438명이 발생했다(출처: 경찰청 교통사고 통계).

한국법제연구원이 2011년 4월에 발표한 '음주운전 단속과 처벌 기준에 관한 입법평가' 보고서에 따르면 2008년 음주운전으로 인한 사회적 총비용은 4조7623억 원으로 나타났다. 음주운전 1건을 적발하는 데 드는 평균비용은 893만 원이며 음주운전 사고 1건이 발생하면 평균 6,243만 원이 드는 꼴이다. 그야말로 음주운전은 살 인과 강도질을 하는 것이나 다름이 없다고 해도 과언이 아니다. 술 취해서 운전하는 사람들은 통상 도로에서 굴러다니는 시한폭탄과 같은 존재인 것이다.

어느 새벽 0시 40분쯤 인천공항고속도로 서울 방향 영종대교 진 입로 앞에서 제네시스 승용차를 몰던 A 씨가 앞서가던 쏘나타 승 용차를 추돌했다. 이 사고로 제네시스에 받친 승용차는 도로 우측 가드레일을 들이받고 충격으로 반대쪽으로 튕겨 나와 멈췄으나 불 이 나는 바람에 전소되면서 이 차에 타고 있던 K 씨 부부와 12살과 8살의 두 딸 등 가족 4명이 안타깝게도 목숨을 잃었다.

경찰조사 결과 A 씨는 혈중알코올농도가 면허취소 수준인

0.101%였다. 경찰 관계자는 "A 씨가 처음에는 큰 사고가 난 줄 몰랐으나 언론을 통해 일가족 4명이 숨졌다는 사실을 알고 괴로워하며 죄책감에 빠졌다"고 말했다.

숨진 K 씨는 외국 항공사 직원이며, 퇴근 시간이 늦어 대중교통을 이용할 수 없게 되자 서울에 사는 부인과 딸이 자신을 데리러 와서 자가용 승용차를 타고 가다 변을 당한 것으로 알려졌다. 이처럼 음주운전은 한순간에 자신은 물론 타인의 생명을 해치고 많은 재산 피해도 가져온다.


## 교통경찰관은 '음주 차' 식별 전문가

음주운전 단속이 강화되면서 운전자들은 단속망을 피하기 위해 토닉을 마시거나 초콜릿을 먹는 등 별별 방법을 동원하여 묘책을 쓰고 있다. 심지어는 성냥 황을 먹거나 솔잎을 씹고 담배를 통째로 씹는 등 갖가지 방법을 사용하고 있는 것으로 나타난다.

이처럼 음주운전자들에게 갖가지 묘책이 소문나 있는 것은 자극성이 강한 음식 냄새가 술 냄새를 어느 정도 감출 수 있기 때문인 것 같다. 그러나 어떤 방법을 써도 음주 측정기 앞에서는 아무런 도움이 되지 못한다.

음주운전이 적발되는 경우는 단속 경찰관의 음주 측정 요구에 의한 경우도 많으나 교통사고가 발생하면 우선 음주 여부를 측정하게 되고 여기서 음주 여부가 적발된다.

음주 측정기는 체내의 호흡 중에서 알코올 농도를 측정하는 기계로 어김없이 음주 여부를 탐지해낸다. 갖가지 묘책을 써도 음주 측정기 앞에서는 아무런 효험이 없다.

단속 경찰관은 보통 운전자의 입에서 풍기는 술 냄새로 음주 측정을 하지만 반드시 냄새로만 측정하는 것은 아니다. 교통 경찰관은 교통에 관해서는 남다른 특기를 갖고 있다. 음주운전자가 아무리 조심히 운전을 해도 차량의 움직임으로 즉시 식별할 수 있다.


## 음주운전 중에는 신체적 반응시간이 늦어져 사고 위험 높다

음주가 운전에 미치는 영향은 운전 동작에 필요한 반응시간을 길어지게 하여 적시에 필요한 조작을 못 하게 하는 것이다. 장애물을 발견하고 브레이크를 밟기까지 소요되는 시간은 정상적으로 0.5초에서 0.7초이나, 음주한 때에는 0.9초에서 1초 이상이 소요되므로 제동이 늦어져 사고의 위험이 크다.

음주운전을 하게 되면 교통법규를 무시하고 운전 조작을 필요 이상으로 크게 하며 경쟁의식으로 무리한 앞지르기를 하는 등 자기 운전 기술을 과신하게 되어 대담해지기 때문에 사고 위험이 커진다.

음주운전 중이라고 느껴졌을 때 주취 여부 측정은 경찰 공무원이 하게 된다. 경찰 공무원이 술에 취하였는지의 여부를 측정할 때 운전자는 이에 응해야 한다.

당국은 매년 연말연시를 전후하여 강력한 음주운전을 연례적으로 단속하고, 음주운전 측정에 불응하는 운전자는 구속을 원칙으로 하고 있다. 자신은 물론 타인을 위해서도 음주운전은 하지 말아야 한다.


## 시력 이상, 주의력 산만해져 대형사고와 직결된다

한 해를 마무리하는 연말이 다가오면 송년회 등으로 직장 동료와 친지들 간의 모임이 늘어나게 된다. 이때가 되면 자가운전자들도 술을 마셔야 할 일이 불가피하게 많아진다. 그러나 누구라도 음주운전을 해서는 안 된다는 사실을 잘 알고 있다.

'술을 마시고 운전을 하면 안 된다'는 것은 누구나 알고 있는 사실임에도 음주운전 사고는 계속 증가하고 있다. 음주운전 사고는 모처럼 동료, 친지들과 흥겨웠던 기분을 망치게 되고 다른 사람에게 큰 피해를 주게 된다.

우리나라 전체 교통사고 원인 중에서 음주운전에 의한 사고가 30%를 점하고 있다. 음주운전 사고는 순간적 오판으로 인해 교통안전 표지, 장애물, 대향차 등의 발견이 늦거나 발견하지 못해서 대형사고, 사망사고와 연결되고 있다.

체중 60kg인 사람이 정종 2홉을 마시고 운전하면 사망사고를 일으킬 위험도가 평상시의 13.5배나 된다고 한다. 음주운전은 나쁜 버릇이라기보다는 사회적 범죄라 할 수 있기 때문에 절대로 하지 말아야 한다.

술에 대한 반응이 사람에 따라 강하고 약한 차이는 있으나, 술을 마시고 운전하면 주의력 집중에 장애가 생기고 시력에 이상이 생기며 반응 동작이 둔해지는 등 심신 상태를 정상적으로 유지할 수 없다.

## 음주 측정 수치 0.05% 이상은 대인사고 발생 위험 수위

교통당국은 연말을 앞두면 통상적으로 음주운전 행위를 집중 단속하기 시작한다. 보통 술을 마시고 운전하면 무조건 음주운전이라고 생각하겠지만 이는 잘못된 것이다.

도로교통법 제44조(술에 취한 상태에서의 운전 금지)는 '운전면허를 받은 사람이라도 술에 취한 상태에서는 자동차 등을 운전하여서는 아니 된다'고 규정했다. 동법 제44조에는 '술에 취한 상태의 기준은 혈액 1㎖당 알코올 0.5㎎ 이상인 경우로 한다'고 규정되어 있다. 여기서 취한 상태의 기준을 음주 측정 수치로 환산하면 0.05%가 되고, 이 이상의 수치가 나올 정도로 술을 마신 경우가 음주운전이 되는 것이다.

음주운전 여부의 기준이 되는 0.05%는 보통의 성인 남자가 소주 2 잔 정도를 마셨을 때에 해당된다. 알코올 농도는 술의 종류에 따라 차이가 있으며 음주량은 체질에 따라 다르나 일반적으로 위스키 0.3 홉, 소주 0.5홉, 청주 1.5홉, 맥주 6홉 정도를 각각 5분 이내에 마시고 30분이 경과하지 않았을 때 술에 취한 상태의 기준을 말한다.

음주 측정 수치 0.05% 이상 상태에서 대인사고가 난 경우는 구속, 면허취소가 되고 대물사고의 경우 불구속 입건, 3개월 이상 면허정지가 된다.

음주 측정 수치 0.1% 이상이면 사고 없이 적발된 경우 불구속 입건(벌금 300만~500만 원), 면허취소가 된다. 소주 2병 또는 맥주 10병 정도를 마신 음주 측정 수치 0.35% 이상일 때에는 사고에 관계없이 구속기소, 면허취소가 된다.


## 비정상적 운전자에 대한 방어운전 필요하다

운전하는 사람은 대부분 한 번쯤은 음주운전을 해본 경험이 있을 것이다. 어떤 사람은 술이 얼큰하면 운전이 더 쉽다든지, 음주운전을 해도 자신이 있다든지 하는데 이는 위험천만한 일이다.

사람마다 주량의 차이는 있지만 누구나 술에 취한 상태에서 운전하게 되면 판단력과 주의력이 산만해지고, 사고 직후에는 음주운전에 대한 자책과 처벌의 두려움, 정상적 판단 부족에 기인한 도주 등으로 사고가 대형화할 가능성이 높다.

음주운전 사고의 경우 10명 중 1명 정도는 사망한다고 보아야 한다. 음주운전은 극단적으로 자살 행위임은 물론 자신 이외의 많은 사람들에 대한 살인예비 행위나 다름없다.

음주운전자에 대한 방어운전도 필요하다. 정상적인 사고가 결여된 음주운전으로부터의 방어운전은 안전에 절대적이다. 알코올의 영향을 받고 운전 중인 대표적 유형으로는 필요 이상으로 차선 변경을 하는 차, 야간에 전조등을 켜지 않고 운전하는 차, 출발 또는 정지할 때 차체가 심하게 움직이는 차, 추운 날 차창을 내리고 운전하는 차 등을 들 수 있다.

혈중알코올농도가 0.05% 내지 0.15%만 되어도 기분이 좋아진다고 느껴지나, 엄밀하게 테스트해 보면 운동실조가 나타나고 작업능력이 감퇴하고 있음을 알 수 있다.


## 어떤 음식도 음주 측정 수치와는 무관하다

음주운전으로 적발되면 사고가 나지 않더라도 2년 이하의 징역이나 500만 원 이하의 벌금에 처해지며 이와 병행하여 운전면허정지(보통 100일)를 받게 되기 때문에 운전자들에게 있어 음주운전으로 적발되는 것은 상당히 곤혹스러운 일이다.

따라서 운전자들은 초콜릿을 먹거나 은단, 우유, 성냥, 황, 김, 솔잎 등을 씹으면 음주 측정 수치를 줄일 수 있다고 말들 하지만, 이는 전혀 근거 없는 얘기이다. 음주운전의 묘책은 오직 세 가지뿐이다. 하나는 술 마시러 갈 땐 차를 놓고 가는 것, 둘째는 술 마신 후엔 차를 놓고 오는 것, 셋째는 술이 완전히 깬 다음에 운전하는 것이다.


## 음주 후 정신 말짱해도 운전해서는 안 된다

술이라면 그 누구에게도 지지 않는 두주불사형의 사람들이 호언장담하고 음주운전을 하다 적발되어 망신을 당하는 것을 종종 보게 된다.

절친한 후배 C는 소주, 맥주 할 것 없이 술자리에서만은 최고의 열정을 자랑하는 사람이다. 그런 그가 얼마 전 동동주 반 되 마시고 운전하다 음주운전으로 단속에 걸렸다. 본인은 정신이 말짱한데 음주운전이라니 억울하다며, 술에 취하지 않았음에도 음주운전에 해당하는 수치가 나오다니 측정기가 잘못되었다며 한바탕 단속 경찰관과 소란을 피운 적이 있다. 음주 측정 결과는 0.06%이었다.

음주운전의 기준은 도로교통법에 정해져 있다. 측정 수치가 0.05% 이상이면 음주운전에 해당하는데 이는 술이 센 사람과 약한 사람에 관련 없이 일률적으로 정해져 있는 것이다.

그렇다면 술을 마신 뒤 얼마나 지나야 음주운전 시에도 적발되지 않고 운전이 가능할까! 음주 측정과 관련이 있는 것은 단지 몸무게뿐이다. 음주량을 측정하는 것은 혈중알코올농도인바, 몸무게가 많이 나가는 사람은 그만큼 혈액도 많기 때문에 똑같은 양의 술을 마셔도 마른 사람보다 측정 수치가 적게 나온다.

혈중알코올농도 계산법인 '위드마크' 공식으로 계산하면, 체중 70kg인 남성이 소주 한 병(19도·360㎖)을 마셨을 경우 최소 4시간 6분이 지나야 하고 체중 50kg인 여성이 생맥주 2,000cc(4~5도)를 마셨다면 9시간 28분을 기다려야 한다.

체중 80kg인 남성은 동동주 한 병(6도·750㎖)을 마셨다면 2시간 22분을 기다려야 한다. C의 경우 막걸리 반 되를 마셨으니 대략 그 음주 측정 수치는 0.06% 정도로 정신이 말짱하건 안 하건 음주운전에 해당한다.

# 내 차가 틀림없다는 착각이 화를 부른다

술을 적당히 마시면 기분이 좋아져 보약이 되지만 과하게 마시면 패가망신하기에 십상이다. 부산에서 중소기업을 다니는 37세의 건실한 회사원 O 씨는 술에 만취한 상태에서 2013년 2월 6일 오후 9시 50분쯤 부산 사하구 장림동 모 편의점 앞길에 세워진 현대 NF 쏘나타 택시를 자신의 차량으로 착각하고 4㎞를 운전해서 자신의 집인 사하구 당리동 아파트까지 몰고 갔다.

이런 어이없는 일이 발생하게 된 것은 택시기사 K 씨가 택시의 시동을 끄지 않고 편의점에 잠시 생수를 사러 갔다가 나와 보니 갑자기 택시가 없어져서 경찰에 도난 신고를 했기 때문이다. 경찰은 이 차를 이용한 2차 범행을 우려해 긴급 출동해서 택시회사 콜센터의 도움을 받아 택시 내 설치한 GPS(위성 위치 확인 시스템)를 통해 K 씨의 아파트 지상 주차장에서 차를 발견했다.

이어 차내 블랙박스와 아파트 승강기 CCTV까지 분석한 끝에 2시간 30분 만에 자택에서 자고 있던 K 씨를 검거했다. 경찰조사 결과 K 씨는 모 기업 부산 공장에서 10년 이상 성실하게 근무한 보통 사람으로, 이날 저녁 회사 회식이 있어 술을 많이 마시고 귀가하기 위해 인근 편의점 앞을 서성거렸던 것으로 밝혀졌다.

사건 당일 K 씨의 혈중알코올농도는 0.135%인 만취 상태였는데도 아무런 사고 없이 차를 운전해 아파트 주차장의 주차선 안에 완

벽하게 주차한 것으로 드러났다. 이날 만취한 상태에서 운전하게 된 현대 NF 쏘나타는 O 씨가 소유하고 있는 SM5와 크기 등 운전 조작 요령이 비슷해서 O 씨가 순간적으로 자신의 차로 착각해서 운전한 것 같다고 경찰 관계자는 말했다.

O 씨는 만취하여 졸지에 택시 절도범이 되었고, 경찰 1차 조사에서 대리운전을 부른 것 같은데 전혀 기억이 나지 않는다며 내가 무슨 행동을 했는지 모르겠다는 말로 선처를 호소했다. 그야말로 술술 넘어가 마신 술이 독약이 되어 자신의 삶에 오점을 남기게 되었다.


## 어느 영화인의 죽음을 보다

1979년 「밤에 내리는 비」로 영화계에 데뷔해 80~90년대를 대표하던 박철수 영화감독이 2013년 2월 19일 오전 0시 30분쯤 경기도 용인시 죽전동에서 횡단보도를 건너던 중 차에 치여 사망했다.

「학생부군신위」, 「301 302」 등의 작품으로 해외에서도 극찬을 받았던 박철수 감독은 당시 신작 「녹색의자 2013 - 러브 컨셉츄얼리」를 작업하고 있었다. 이날 사고를 낸 운전자는 윤모 씨로 혈중알코올농도 0.092%의 만취 상태로 운전했던 것으로 밝혀졌다.

정부의 음주운전 단속 강화에도 불구하고 좀처럼 음주운전자가 줄지 않는 이유는 보통 '이 정도 마신 술에는 괜찮겠지' 하는 안일한 생각 때문일 것이다. 그러나 술을 마시고 운전하면 판단력과 운동 능력이 떨어져 돌발 상황 때 반응시간이 길어지고 속도 조절 능력도 떨어진다는 것은 극히 상식적인 일로 운전자 대부분이 알고 있는 사실이다.

경찰은 그동안 음주운전을 막기 위해 다양한 제도를 시행해 왔고, 급기야 2012년 7월부터는 최근 5년간 음주운전으로 4회 처벌받은 뒤 또다시 음주 운전을 할 경우, 또는 음주운전 뺑소니로 피해자가 사망할 경우 차를 몰수하고 있다.

또한 음주운전 단속 기준인 혈중알코올농도 0.05%를 0.03%로 낮추는 등 대책을 강화하고 상습 음주운전을 질병으로 보고 병원 치료를 하도록 유도하자는 의견도 나오고 있다. 하지만 음주운전 사고가 좀처럼 줄지 않고 있는 것은 무엇보다도 운전자의 의식 문제이다.

도로교통공단의 교통사고 통계 분석을 보면 2011년 발생한 교통사고 22만1천711건 가운데 2만8천846건이 음주운전 때문에 일어난 것으로 나타났으며, 이는 교통사고 전체 건수 중 12.8%에 달한다.

이중 음주운전으로 인한 사망자가 733명에 달한다는 사실은 놀랍기만 하다. 하루 평균 80건 가까운 음주운전 사고가 발생하고, 매일 2명이 음주운전자의 횡포에 목숨을 잃고 있는 실정에서 박철수 감독의 죽음은 우연이라고 치부하기에는 너무나 가슴 아픈 일이다.

경찰의 강력한 단속 처벌이 두려워 음주운전을 하지 말아야지 하는 생각을 갖기 이전에, 너 나 할 것 없이 음주운전은 자신은 물

론 타인의 삶을 불행하게 만드는 흉기가 된다는 것을 잊지 말아야
한다.


## 과음은 건강에 독이 된다

적당한 음주는 혈액순환을 좋게 한다고 하지만, 적당히 끝날 수
없는 것이 술자리다. 술의 긍정적인 기능보다는 건강에 미치는 악영
향을 따져 봐야 한다.

지속적으로 과음을 할 경우 술은 정신과 육체에 독으로 작용한
다. 술을 마시면 간이 알코올을 분해하는 과정에서 아세트알데히드
라는 독성물질이 만들어지며, 이 독성물질은 신체 대부분의 장기세
포와 DNA를 손상시키고 신경계를 자극해 두통, 메스꺼움, 속 쓰림,
안면 홍조 등의 숙취를 유발한다.

또한, 아세트알데히드는 위염, 위궤양, 간염, 간경화 등을 유발하
며 뇌 전두엽의 기능을 떨어뜨려 치매 발병 위험을 높이기도 한다.

알코올 자체가 심장 근육을 딱딱하게 만들어 심근증에 걸릴 가
능성도 커진다. 술은 발암물질이기 때문에 구강암, 설암, 식도암, 간
암, 대장암 등 여러 암의 발병과도 관련이 있다.

실제로 알코올을 매일 50g(소주 5잔, 맥주 2잔, 막걸리 한 병)씩 마시는
사람은 그렇지 않은 사람에 비해 간암 발생률이 2~3배 높고, 일주

일에 소주를 한 병 정도 마시는 사람이 비음주자에 비해 대장암 발병 위험이 60% 높다는 연구 결과가 있다.

유럽에서 성인 36만 명을 대상으로 조사한 결과 남성 암환자 10명 중 1명, 여성 암환자 30명 중 1명이 술 때문에 암에 걸린 것으로 나타나기도 했다. 2010년 국민건강영양조사 결과에 따르면 우리나라 성인 음주자 중 일주일에 한 번 이상 폭음(소주를 기준으로 남성은 7잔, 여성은 5잔 이상)을 하는 사람의 비율은 30%이다. 전 세계 음주자의 주 1회 폭음 비율(11.5%)의 세 배에 가까운 수치이다.

알코올은 혈액에 그대로 흡수돼 온몸을 흘러 다니기 때문에, 술을 많이 마실수록 혈중알코올농도가 높아지는 것은 당연하고 0.05% 정도일 때는 사고력 및 자제력이 떨어진다. 0.10%일 때는 언어 기능 저하, 0.20%면 운동 기능 저하가 나타나며, 0.30%일 때는 감각 기능이 저하되거나 혼수상태에 빠지고, 0.40%가 되면 감각 기능이 완전히 차단된다. 그러다가 혈중알코올농도가 0.60% 이상으로 올라가면 호흡 및 심장 박동이 제대로 안 이뤄져 사망할 수 있다.

한 번의 폭음이 건강에 치명적인 영향을 미칠 수 있으니 절주하는 습관을 들이고, 술을 마시더라도 몸에 해가 덜 가게 하는 음주 방법을 익혀둬야 할 것이다.

이래저래 스트레스를 풀자고 마시는 술이 결국에 건강에 독이 된다고 하니, 술 생각하면 더 스트레스가 쌓인다. 하지만 직장인들은 오늘도 한 잔의 저녁 퇴근 시간을 기다리고 있다.

## 딱 한 잔의 유혹에 걸려들지 마라

직장과 사회생활에서 오는 스트레스를 풀기 위해 술만큼 유익한 것도 없다. 평소 그저 그렇게 지내던 사람도, 말이 안 통하는 사람과도 저녁 술자리에서 한잔 술로 마음을 주고받으면 그다음에는 대화가 통하고 격의 없는 관계가 된다.

이때 "딱 한 잔만 더" 하고 권하는 사람에게 유난히 마음이 끌리게 된다. 이런 한 잔의 유혹을 물리치지 못하고 서로 권하는 술은 어느 사이에 운전하는 사람들에게 음주운전을 하게 되는 환경을 만든다. 이때 이대로 어울려 한 잔 더 마시고 갈 것인가, 아니면 내일을 생각해서 눈 딱 감고 그냥 갈 것인가 하는 고민을 하게 되는데, 여기서 딱 한 잔만 하고 차를 갖고 가야겠다고 생각하는 것이 문제가 된다.

처음에는 마음먹은 대로 딱 한 잔이라고 생각하겠지만 일단 술을 마시는 순간부터 주변 상황은 급속도로 변하게 된다. 한 잔, 두 잔 돌아가는 술잔 속에서 좌중의 분위기는 '마시는 데까지 마셔보자'가 되고, 일단 취기가 오르게 되면 탄력을 받아 판단력 상실과 함께 무리한 욕심을 부리게 된다.

술 마시기 전에는 '술 마시면 절대 음주운전을 하지 않겠다'고 마음속으로 다짐을 했지만 순식간에 바뀌어 '이 정도면 뭐 괜찮아' 하는 자만심을 갖게 된다. 술을 마시고 운전을 하면 쓸데없이 대담해지고 괜히 기분이 좋아져 이성을 잃거나 흥분하게 되고, 그런 상태에서는 페달이나 핸들 조작 능력이 저하된다.

또 경쟁심으로 과속을 하게 되고, 서행운전, 일단정지, 신호 준수 등 평소 잘 지키던 안전운전에 대한 행동을 무시하게 되면서 방어운전도 어렵게 만든다. 결국, 운전자가 취하면 따라서 자동차도 취하게 된다.

약한 술이든 독한 술이든 술은 마시게 되면 알코올 성분이 중추신경을 억제하기 때문에 이성적인 판단을 저해시키고 긴장을 이완시켜 졸음이 오게 만들고 대형사고의 유발 원인이 된다. 딱 한 잔 술의 유혹에 자신의 인생을 망치는 우를 범해서는 안 될 일이다.


## 음주운전 단속 위치 알려주는 '내비 시대'

과거에는 다른 지방으로 여행을 가거나 출장 중에 목적지를 모르면 지나가는 사람들에게 길을 묻곤 했다. 길을 묻는 나그네나 길을 안내해주는 사람이나 모두 내비게이션(이하 내비)이 되던 시절이 있었다.

그러나 지금은 길을 묻는 일 자체가 다른 나라에서 온 사람처럼 취급받는 시대가 되었다. 바로 자동차에 부착되어 있는 길 안내자 내비나 스마트폰 앱을 이용한 내비가 있기 때문이다. 이렇게 똑똑

한 내비가 이제는 경찰의 음주 단속 위치를 알려주는 기능까지 한다니 세상 오래 살고 볼 일이다.

모 회사가 2015년 4월부터 판매할 예정인 내비게이션은 사용자의 현재 위치를 기준으로 반경 10㎞ 이내에 음주 단속이 있는지를 알려주고, 음주 단속이 진행 중이라면 몇 팀이 단속을 벌이는지 지도에 표시되고, 목적지까지 가는 도중에 음주 단속이 있는지도 알려줄 예정이라고 한다. 음주 단속 정보가 제공됨으로써 음주운전을 부추긴다는 논란이 있는 모양이다.

정보를 제공하는 회사 측에서는 운전자에게 음주운전 단속 정보를 사전 제공함으로써 '운전자가 스스로 운전을 포기하거나 대리운전을 이용하게 됨으로써 오히려 안전운전에 도움이 된다'는 논리를 제시하고 있지만, 이는 더 두고 볼 일이다. 아무리 음주운전 단속 정보가 제공된다 한들 무슨 소용이 있겠는가? 음주운전을 하기 전에 핸들을 잡지 않는 것이 최상의 방법이다. 내비가 음주 측정까지 막아줄 수는 없기 때문이다.

## 술에 미치면 공직생활 마감할 수 있다

과거 공무원이 모든 면에서 사회적으로 존경받고 대우받았던 시절이 있었다. 당시 공무원의 월급은 박봉이었지만, 정부의 국정 과제를 추진하기 위한 일이라면 무엇이든 앞장서서 일을 했고 국민들도 공무원의 말이라면 100%로 신뢰하며 따라주었다.

1985년 당시 필자가 공직에 첫발을 내디디고 읍사무소에서 업무를 볼 때, 담당 마을에 나가면 담당 주사님이 왔다고 이장과 주민들이 귀한 손님 접대하듯이 반겨주었다. 당시 마을에 나가면 하루 종일 주민들과 막걸리나 소주로 업무를 대신하고는 퇴근 무렵 술에 취해서 사무실로 들어오기가 다반사였다.

이 시절 유일한 출장용 장비는 오토바이였다. 술에 취한 채 오토바이를 헬멧 없이 타고 다니면서도 술에 대한 걱정거리는 없었다. 물론 마신 술 때문인지 아니면 부주의인지 알 수는 없으나, 출장 중에 오토바이 사고로 논두렁에 굴러떨어지기도 했고, 어떤 동료는 가로수를 받아 사망하거나 뇌를 다쳐 지금도 후유증에 시달리기도 한다.

"술 잘 마시는 사람이 일도 잘한다"는 말이 회자되었던 시절에는 술로 인해 공직생활에 불이익을 받기는커녕 주당들이 상사들에게 사랑받고 우대받으며 진급도 잘 되었다. 돌이켜보면 참으로 황당한 일이지만 술로 인해 업무를 망치는 일은 없었다.

그런데 지금의 현실은 어떠한가! 출장용 장비가 오토바이에서 자동차로 바뀐 지금, 출장 중에 낮술을 하다 잘못되면 자신의 의지와는 관계없이 공직을 마감해야 하는 현실이 되었다.

일반인보다도 음주에 대한 높은 책임과 도덕성을 요구받고 있는 공직자가 술로 인해 한순간 패가망신하고, 일순간의 음주운전 사고로 조직에서 유능한 선배나 후배가 공직생활을 불명예스럽게 마감하고 떠나는 것을 볼 때마다 안타까움을 금할 수가 없다. 세월이 변하면 변한 대로 자신의 공직생활관도 변해야 하지만 아직도 술에 대한 과거의 추억을 아름답게 기억하는 공직자가 있다는 것이 문제다.

정부가 그동안 공무원 음주문화 개선을 위해 음주운전 삼진아웃제 등을 시행했음에도 불구하고, 음주운전으로 징계받은 공무원 수는 2011년 434명에서 2012년 551명, 2013년 602명으로 그 수가 증가하고 있다. 음주운전뿐만 아니라 최근 3년간 중앙징계위원회 음주 관련 비위 징계 의결 현황에 따르면 음주가 직접 원인이 된 폭행, 성희롱 등도 2011년 6건, 2012년 17건, 2013년 19건으로 증가하는 추세다.

지속적인 음주운전 예방 교육의 실시와 음주운전자 불이익 징계 처분에도 공직자의 음주운전이 근절되지 않자 정부는 공무원의 음주운전 등 음주로 빚어지는 각종 범법 행위에 대한 처벌과 징계를 더욱 강화키로 했다. 앞으로 음주운전이나 성범죄를 저지른 공무원은 정부 포상에서 영구적으로 제외된다.

행정자치부는 정부 포상 신뢰성을 높이기 위해 정부 상훈제도 혁신 방안을 마련해 시행한다고 밝혔다. 금품 향응 수수, 공금 횡령·유용, 성범죄, 음주운전 등 비위를 저지른 공무원은 포상 자격을 아예 박탈하겠다는 게 골자다. 종전까지는 이 같은 비위 행위를 해도 처벌·징계 수위에 따라 2~9년이 지나면 재차 포상을 받을 수 있었지만, 앞으로는 추천 기회부터 사라지고 포상 심사도 강화된다.

지난해 연말 이근면 인사혁신처장은 공직사회 전반에 새 바람을 불어넣기 위해 성과를 낸 공무원에게는 파격적인 보상과 인센티브를 주는 반면 부적절한 품위 위반 행위에 대해서는 무관용 원칙을 도입하여 공직사회의 기강을 바로잡는 공직 혁신 계획을 추진 중이라고 밝혔다.

이 혁신안에는 공직자 음주운전 처벌에 대한 강도 높은 조치가 포함되어 있는데 음주에 따른 폭행, 성희롱, 향응 수수 등의 징계에 관용을 베풀지 않도록 하는 등의 내용을 담고 있어 과거와는 달리 처음 적발된 음주운전도 중징계(정직)한다는 방침이다. 혈중알코올 농도가 0.05~0.1%이면 견책-감봉, 0.1~0.2%는 감봉-정직, 0.2% 이상은 정직-강등 등 징계 기준을 세분화했다.

공직자 음주 관련 비위에 대한 특단의 예방 대책이 추진되는 만큼 음주운전은 자신의 공직생활뿐만 아니라 가족과 이웃을 불행하게 빠뜨리는 시초가 됨을 똑바로 기억하고, 술로 인해 공직생활에 오점을 남기지 않도록 음주 시에는 반드시 대리운전이나 대중교통을 이용하는 습관을 가져야 하겠다.

## 황당한 '음주 단속 도주' 그 결말은

천안에서 철물점을 운영하는 A 씨는 평소 술이라면 자다가도 벌떡 일어나는 그야말로 주당 중 한 명이다. 그에게는 술로 인연을 맺은 둘도 없는 친구가 있는데, 의기투합해서 술을 마셨다 하면 만취가 되도록 끝장을 본다는 공통점을 가지고 있었다.

음주운전 단속을 당하던 그 날도 여느 때와 마찬가지로 친구와 함께 부어라 마셔라 한 끝에 만취 상태까지 간 후 A 씨는 대리운전 기사를 불러 친구를 보낸 뒤 자신은 평소대로 음주운전을 했다.

자신의 철물점이 1.5km 정도로 비교적 가까운 거리에 있었고, 어느 지점에서 음주 단속을 하는지 잘 알고 있었으므로 그쪽만 피해가면 무사통과한다는 생각에서였다.

평소에도 아무렇지 않게 음주운전으로 귀가했던 터라 '오늘도 별일이야 있겠나' 하고 단속하지 않는 길로 들어섰다. 그런데 예상치 않은 일이 발생하고 말았다. 난데없이 몇 미터 전방에서 음주 단속을 하는 게 아닌가? 뒤로 후진할 수도 없는 상황에서 순간 당황했지만 A 씨는 어찌할 도리 없이 경찰관의 음주 측정에 응했고, 만취상태였던 그가 음주 측정기에 입김을 부는 순간 음주 신호음이 울려 경찰관의 안내로 수치를 측정하기 위해 차에서 내렸다.

그런데 뜻밖의 상황이 발생했다. 먼저 단속에 걸린 운전자가 경찰관의 음주 측정을 거부하면서 몸싸움을 벌였기에 단속 중이던 모든 경찰관들이 싸움을 말리기 위해 음주 측정을 거부하는 운전자에게로 모여들었고, A 씨를 단속하던 경찰관도 아무 말 없이 싸움이 벌어진 쪽으로 간 것이다.

멍하니 그 광경을 지켜보다가 옆을 보니 자기 차 운전석 문이 열려 있는 것이 보였고, 단속경찰관 누구도 자신에게는 신경을 쓰지 않았기에 A 씨는 차를 운전해서 그냥 도주했다. 미친 듯이 차를 몰아 철물점에 도착한 후 차고에 차를 주차하고 자동차용 커버까지 덮어둔 뒤 아무 일 없다는 듯이 잠을 청했다.

문제는 다음 날 아침 발생했다. 아침 일찍 가게 문을 두드리는 소리에 잠이 깬 A 씨는 비몽사몽으로 문을 열어주었고, 그 앞에는 경찰관 두 사람이 서 있었다.

"아침 일찍 무슨 일이십니까?"

"선생님께서는 오늘 새벽 음주 단속 중 도주하셨습니다. 기억나십니까?"

"무슨 말씀이세요! 음주 단속 중 도망을 어떻게 갑니까? 그리고 제 차는 엔진이 고장 나서 지금 수리 중이고, 부품이 아직 도착하지 않아 며칠째 차고에 커버로 덮어놓은 상태입니다."

"아, 그래요. 그럼 그 차 좀 볼 수 있을까요."

A 씨는 "아침부터 생사람 잡지 마시고 이쪽으로 오세요." 하며 뒤따라온 경찰관을 향해 자신의 차고에 있는 자동차를 가리켰다.

"자. 보세요. 말씀드린 대로 이 차입니다."

그러자 경찰관은 "네, 그렇군요. 그럼 자동차 커버를 벗겨 주시겠습니까?"라고 말했다. A 씨는 자신 있게 "그렇게 합시다." 하며 커버를 확 벗겼고, 그는 차를 보자마자 그 자리에 털썩 주저앉고 말았다.

그 자동차는 자신의 차가 아닌 경찰차였다. 이 황당한 도주 사건으로 A 씨는 형사처벌을 받고 그렇게 좋아했던 술도 끊었다. 술에 취하면 간이 부어 사람도 못 알아본다는 말이 있다. 끝장을 보고 마시는 술에 취해서 세상이 흔들리는 짓을 해서는 안 된다.

5장
술에 대한
오해와 진실

# 5.

## 독성물질 '알코올' 그것이 알고 싶다

술을 마시면 알코올 성분은 모두 흡수돼 온몸에 퍼져 크고 작은 영향을 끼친다. 술이 우리 몸에 들어와서 빠져나갈 때까지 대사 과정에서 신체에 어떤 영향을 미치는지, 술을 지나치게 많이 마시면 어떤 질병을 유발할 수 있는지 대사 과정별로 나눠 알아본다.

흡수 과정에서는 위염·위산 역류가 발생할 가능성이 크다. 술은 위와 소장에서 흡수된다. 다른 식품은 위에 잠시 머물렀다가 소장으로 가서 흡수되지만, 알코올은 30% 정도가 위벽을 통해 혈액으로 바로 흡수된다.

알코올이 직접 위벽으로 흡수되기 때문에 술을 마시면 위에 염증이 생기거나 위산이 역류할 가능성이 커지고, 이로 인해 역류성 식도염도 생길 수 있는 것이다.

서울아산병원 소화기내과 정훈용 교수는 "빈속에 술을 마시면 알코올이 들어갈 수 있는 위벽의 면적이 넓기 때문에 흡수가 더 빨리 된다"며 "술을 마시기 전에 식사를 하거나, 술을 마시는 중에 안주를 잘 챙겨 먹어야 알코올이 느리게 흡수된다"고 말했다.

　위에 있던 음식물은 섭취 후 3~4시간이면 소장으로 내려간다. 따라서 안주를 먹으면서 알코올의 흡수를 막는 것도 술을 마시기 시작한 지 3~4시간이 지나면 소용이 없어진다. 위에서 흡수되고 남은 70% 정도의 알코올은 소장에서 흡수된다.

　순환 과정에서는 설사·뇌 기능 및 면역력 저하 유발을 초래할 수 있다. 흡수된 알코올은 알코올 탈수소효소에 의해 독성물질인 아세트알데히드로 변한 뒤 혈액에 섞여 온몸으로 퍼진다.

　특히 뇌는 다른 신체 기관보다 더 많은 혈액이 흐르기 때문에 아세트알데히드의 영향을 많이 받는 편이다. 아세트알데히드가 뇌에 들어가면 처음에는 기분이 좋아지지만, 심해지면 말이 많아지면서 자제력을 잃게 된다.

　그 뒤에는 말이 어눌해지고 균형 잡기가 어려워진다. 아세트알데히드는 면역세포의 기능을 떨어뜨려 면역력을 저하시킨다. 또 소장의 움직임을 과도하게 만들어 수분과 영양분이 그대로 배출되는 설사 증세를 유발하기도 한다.

　차움 안티에이징센터 서은경 교수는 "아세트알데히드는 몸에서 산화 작용을 하기 때문에, 술을 많이 마시면 노화가 빨리 진행된다"

며 "성 기능을 저하시키거나 근육을 위축시키는 등 전신의 기능을 망가뜨린다"고 말했다.

## 해독 과정에서 간 질환 발생 원인이 된다

아세트알데히드는 최종적으로는 간으로 옮겨가 해독 과정을 거친다. 간은 알코올 섭취량이나 혈중알코올농도에 상관없이 매시간 일정량을 해독시키기 때문에, 과음을 하면 술에서 깨는 시간이 오래 걸린다.

아세트알데히드는 간에 있는 지방을 파괴해 과산화지질로 만든다. 이게 간에 축적되면 알코올성 지방간이 되고, 간염이나 간암으로 발전하는 것이다. 아세트알데히드를 없애려면 아세트알데히드 탈수소효소를 이용해 아세트산으로 바꿔줘야 하는데, 체내 아세트알데히드 탈수소효소의 양은 사람마다 다르다. 정훈용 교수는 "아세트알데히드 탈수소효소의 양에 따라 주량이 결정된다"고 말했다.

또한 배출 과정에서는 수분을 빼앗겨 피부 건조 현상의 발생 원인이 되기도 한다. 간에서 대사 과정을 거친 알코올은 대부분 물과 이산화탄소로 바뀌어 소변·땀·호흡을 통해 몸 밖으로 나간다.

술을 마신 다음 날 피부가 푸석푸석하게 느껴지는 것은 알코올이 피부를 통해 증발하면서 피부에 있던 수분을 빼앗았기 때문이다. 서은경 교수는 "술을 마실 때 말을 많이 하면 호흡의 횟수도 증가하기 때문에 알코올이 더 잘 배출된다"며 "일부 사람의 경우 술을 마실 때 말을 많이 하면 덜 취하는 것은 그 때문"이라고 말했다.

## 술 부작용 최소화하려면 물 많이 마시고 비타민 섭취하라

인체 대사 과정에서 술이 인체에 미치는 악영향을 줄이려면 물을 많이 마셔야 한다. 물은 알코올이 빨리 분해되고 소변으로 잘 배출될 수 있도록 돕는다. 또 물을 많이 마시면 포만감을 느껴 술을 마시는 양도 상대적으로 줄어든다.

서은경 교수는 "술을 한 잔 마실 때마다 물도 한 잔씩 챙겨 마시는 습관을 들이는 게 좋다"며 "물은 아세트알데히드가 아세트산으로 잘 바뀌게 해 숙취 증상을 줄여준다"고 말했다. 비타민 섭취도 도움이 된다. 알코올은 비타민 B·C의 흡수를 방해하기 때문에 술을 많이 마시는 사람은 체내에 이 성분이 부족할 가능성이 크다.

그런데 비타민 B는 아세트알데히드 분해를 돕는 성분으로, 비타민 B가 부족하면 알코올로부터 우리 몸을 보호하기 힘들어진다. 술안주로는 비타민 B가 많이 든 돼지고기·꽁치·바나나·청국장·소간 등을 먹는 게 좋고, 평소에 술을 자주 마시는 사람은 비타민 B·C 보충제를 따로 챙겨 먹는 것도 술로부터 부작용을 최소화하는 한 방법이다.

## 사람 체질에 따라 술이 다르게 작용한다

술을 마시면 왜 얼굴이 빨개질까? 빨개지기는커녕 얼굴에서 핏기가 사라지는 사람은 건강한 것일까? 술을 잘 마시고 못 마시는 사람의 차이는 뭘까?

술을 마시면 얼굴이 붉어지는 사람과 핏기가 사라지는 사람의 차이는 왜 생기는 것일까? 얼굴이 붉어지는 것은 정상적인 신체 반응이다. 술을 마시면 온몸의 혈관이 일시적으로 확장된다.

얼굴에도 마찬가지로 혈액이 몰려 붉게 변한다. 반면 얼굴이 하얘지는 것은 부교감신경의 기능이 떨어진 사람에게 잘 나타난다. 술을 마셨을 때 혈액이 전신에 잘 순환되지 않고 몸 아래쪽으로 몰리는 탓에 얼굴이 창백해지는 것이다. 이런 사람은 다리를 꼬고 앉거나 잠시 누워서 쉬는 것이 좋다.

## 술이 약한 사람이 건강에 더 좋다

사람마다 몸속에 있는 아세트알데히드 탈수소효소가 다른데, 이게 적으면 술을 조금만 마셔도 빨리 취한다. 이를 술이 약하다고 말한다. 술이 약해도 마시는 빈도가 늘어나면 아세트알데히드 탈수소효소의 양이 20~30% 정도 늘기 때문에 주량이 한두 잔 정도는 늘어난다.

하지만 '주량이 한 병 늘었다'고 말하는 것은 사실과 다를 수 있다. 주량이 늘어난 것이 아니라 뇌의 각성 활동이 증가한 것뿐이다. 몸은 알코올을 제대로 분해하지 못하는데, 뇌에서는 '술을 마실 수 있다'고 착각하는 것이다.

술을 많이 마실수록 몸에 안 좋다. 그렇다면 술을 조금만 마셔도 취하는 사람과 많이 마셔도 안 취하는 사람 중 누가 건강에 더 신경 써야 할까? 당연히 많이 마셔도 안 취하는 사람이 더 조심해야 한다. 조금만 마셔도 취하는 사람은 대개 술에 취한 후에는 더 이상 마시지 않기 때문에 주량이 적다.


## 술버릇이 사람마다 다른 이유가 있다

술버릇은 대뇌의 어느 부위가 가장 예민하게 반응을 하는지에 따라 결정된다. 충동 억제 중추가 예민한 사람은 술을 마시면 충동을 억제하지 못해서 쉽게 흥분하고 공격적인 행동을 한다. 반면 감정 조절 중추가 예민하면 웃거나 우는 술버릇이 나타난다. 통합 기능 부위가 예민한 사람은 판단력·기억력·집중력 등이 떨어지고, 각성 중추가 예민한 사람이 술을 마시면 잠을 자는 경우가 많다

평소에는 담배를 피우지 않는 사람이 술을 마시면 담배를 찾는 것을 종종 보게 된다. 이유는 술과 담배가 뇌의 같은 쾌락 중추와

관련이 있기 때문이다. 술이 그곳을 자극하면 담배를 떠올리게 된다. 하지만 이때 담배를 피우면 똑같이 쾌락 중추가 자극되기 때문에 음주량이 늘어나는 악순환이 반복된다. 또 술에 취하면 기억력이 떨어지고 몸의 균형을 잡기 어려워지는데, 담배의 니코틴에는 각성 작용이 있어서 취기를 일시적으로 감소시키는 효과가 있다. 이러한 효과 때문에 술에 취하면 무의식적으로 담배를 찾게 된다.

## 폭탄주는 건강에 더 해롭다

알코올은 도수가 10~15도일 때 흡수가 가장 잘 된다. 양주나 소주를 맥주와 섞으면 알코올 도수가 10~15도로 맞춰지는데, 이 때문에 폭탄주를 마시면 알코올이 몸에 더 잘 흡수돼 빨리 취하는 것이다. 특히, 각각의 술에 들어있는 여러 종류의 혼합물이 섞이면 화학반응을 일으켜 숙취를 심하게 만든다.

비단 폭탄주뿐만 아니라 어떤 종류의 술을 마시기 전이든 숙취 해소 음료를 마시면 어느 정도 도움이 된다. 숙취 해소 음료에 들어있는 성분이 알코올 대사를 활성화시켜 숙취 유발 물질인 아세트알데히드를 줄이고, 위장관에서 알코올 흡수가 덜 되게 하기 때문이다.

하지만 숙취 해소 음료가 항상 도움이 되는 것은 아니다. 간 기능이 정상인 사람이 마실 때만 효과를 볼 수 있다. 또 과음을 한 뒤에는 효과를 보기 어렵다. 건강을 생각한다면 술은 안 마시는 게 상책이다.

술은 물보다 위에 머무르는 시간이 짧고, 흡수가 빨리 된다. 같은 양을 마셨을 때 술이 물보다 배가 덜 부른 이유는 우리 몸의 반응 차이가 다르기 때문이다. 또한 술을 마시면 감각 기능이 저하돼서 포만감을 덜 느낀다.


## 술과 외모의 상관관계

우리는 외모만을 보고 즉흥적으로 사람을 판단하기도 한다. 가령 얼굴의 피부가 다른 사람보다 검은 사람을 보면 이 사람은 성격도 괄괄하고 술깨나 하겠다고 생각하는가 하면, 피부가 유난히 희고 귀공자 같은 사람을 보면 술도 못 마시고 샌님일 거라는 단정을 내린다.

족집게 도사이거나 관상학을 전공한 사람이 아님에도 대개는 외모를 보고 판단하는 것이 들어맞는 것을 보면 사람마다 보는 눈이 비슷한가 보다. 그럼에도 때로는 이와 정반대인 사람들도 있다.

우락부락한 외모와는 달리 '술' 소리만 들어도 얼굴이 빨개지거나 음료수만 마셔도 취하는 사람이 있다, 그런가 하면 전혀 술과는 거리가 먼 것처럼 보이는 사람이 술독에 빠져 애도 어른도 몰라보고 막가파식 행동을 하는 사람도 있다.

이처럼 술은 외모만을 보고 잘 마시느냐, 안 마시느냐를 판단하기는 어려운 것 같다. 외모만으로 술에 대한 기준을 평가하는 순간 원만한 사회생활을 유지하기가 어려울지도 모른다.


## 술에는 장사가 없다


우리나라 사람들은 오래전부터 술을 즐겨왔다. 이런 생활방식의 전통은 현대 사회에서도 지속적으로 이어져 각종 모임이나 단체 활동은 물론 집안의 대소사에서도 술이 빠진다는 것은 상상도 못 한다.

그만큼 술로 인한 사회생활 속에서의 인간관계는 중요한 삶의 일부가 되어버렸다. 슬퍼도 한잔, 기뻐도 한잔, 이래저래 한잔하며 건배를 외치다 보면 스트레스와 묵은 피로를 풀자고 시작한 술이 과음으로 이어져 간을 지치게 한다.

간은 원래부터 우리 몸에서 피로한 내색 없이 묵묵히 맡은 일을 하는 장기이기 때문에 이상 신호를 보내올 때는 이미 돌이킬 수 없는 상황이 왔다고 보면 된다.

술 좋아하는 사람 중에는 주량을 자랑하며 무용담을 이야기하는 사람들이 많다. 필자 역시 직장생활을 하면서 선배나 후배 중에 밤새도록 술을 마시고도 거뜬하게 출근하는 사람들을 보았다. 아무 일 없는 듯 출근해서 하루 업무를 마치고 저녁이면 또 한잔을 위해

약속을 잡는 사람들을 볼 때 술을 좋아하지 않는 필자로서는 부럽기도 하고, 때로는 자신이 못나 보인 적도 있었다.

그런데 그토록 건강하던 사람들이 어느 순간 갑작스러운 죽음을 맞이할 때면 역시 술에는 장사가 없다는 말을 실감하게 된다. 비싼 양주든 부담 없이 마실 수 있는 막걸리든 많이 마시면 간 손상은 심화될 수밖에 없고, 결국은 주량 자랑하다가 저승길로 먼저 가는 길을 예약하는 꼴이 된다.

오늘도 술 한잔에 인생을 담아 노래하는 주당들이여! 술에는 장사가 없다는 것을 명심하라!

## 술 잘 마시는 것도 기술이다

세상살이가 힘들고 괴로워도 누군가 옆에서 위로의 말을 해주면 그래도 내가 각박한 세상을 잘 견디고 살아왔구나 하고 마음의 위안을 삼게 된다. 거기다 한잔 술로 서로의 마음을 달래며 심금을 털어놓을 수 있는 지인이 있다면 술은 고단한 인생길에 명약을 처방하는 건강주가 될 것이다.

하지만 정에 약한 우리네는 서로 주고받는 한잔 술에 취해, 나중에는 도대체 무슨 말을 어떻게 주고받았는지 집에는 무슨 수로 왔는지 비몽사몽이다. 아침에 일어나면 머리는 지끈지끈거리고 속이

쓰려 다시는 술을 마시지 않겠다고 다짐하게 된다. 하지만 오후가 지나 어느 정도 견딜 만하면 주변 사람들의 요청에 다시 술잔을 들게 된다.

이렇게 반복되는 술 문화 속에서 최대한 몸을 보호하며 술을 마실 수 있는 방법은 없을까? 유수종 서울대병원 내과 교수가 권장하는 술 마시는 방법은 첫째, 술은 되도록 천천히 그리고 조금씩 시간을 끌면서 마시되 대화를 많이 하라는 것이다. 우리 몸에 들어오는 알코올 성분의 10% 정도는 호흡을 통해 배출되기 때문에 술이 빨리 깨도록 도와주기 때문이다.

둘째, 물을 충분히 마시고 되도록 안주를 함께 먹어야 술의 흡수를 지연시키는 효과를 보게 되는데, 이때 기름진 안주를 많이 먹게 되면 지방간을 유발할 수 있으므로 콩이나 두부 같은 식물성 단백질과 생선을 섭취하는 것이 좋다.

술은 아무리 적게 마시고 기술적으로 마신다고 해도 다음 날 찾아오는 숙취로 자신을 괴롭고 힘들게 한다. 알코올을 분해하는 데는 많은 수분이 필요하므로 가장 좋은 숙취 해소 방법은 수분을 섭취하는 것이다. 과음한 다음 날에는 얼큰한 국물보다는 되도록 콩나물이나 북어·조개 등으로 만든 맑고 담백한 국이 좋다. 아무리 술을 좋은 방법으로 마신다고 해도 매일 알코올을 섭취하는 것은 결국 자신의 생명을 술에 맡기는 결과가 되니 적당히 술과 친해야 한다.

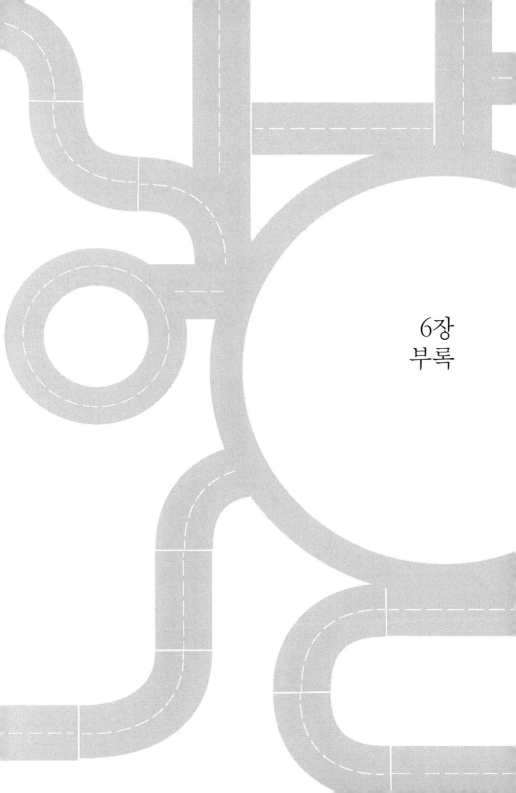

6장
부록

◈ 2015년 4월부터 달라지는 교통법규(보호구역에 한하여 적용)

과속 범칙금
과태료 2배!!!
속도 위반
기준 변경
승용차 기준, 2015년 4월부터~

P 주·정차위반
주·정차위반 범칙금
4만원 → 8만원
기준 변경
승용차 기준, 2015년 4월부터~

신호위반 범칙금
6만원 → 12만원
12만원   30점
6만원   15점
범칙금   벌점
승용차 기준, 2015년 4월부터~

통행금지
통행금지 위반 범칙금
4만원 → 8만원
기준 변경
승용차 기준, 2015년 4월부터~

※ 오전 8시부터 오후 8시까지 위반한 경우에 한하여 적용 (출처: 충북경찰청)

인생운전 안전신호등

## 범칙금

(단위: 만 원)

| 위반 행위 | | 승합자동차등 | | 승용자동차등 | | 이륜자동차등 | | 자전거등 | |
|---|---|---|---|---|---|---|---|---|---|
| | | 일반도로 | 보호구역 | 일반도로 | 보호구역 | 일반도로 | 보호구역 | 일반도로 | 보호구역 |
| 통행금지·제한 위반 | | 5 | 9 | 4 | 8 | 3 | 6 | 2 | 4 |
| 주·정차 위반 | | 5 | 9 | 4 | 8 | 3 | 6 | 2 | 4 |
| 속도위반 | 60km/h 초과 | 13 | 16 | 12 | 15 | 8 | 10 | - | - |
| | 40~60km/h | 10 | 13 | 9 | 12 | 6 | 8 | - | - |
| | 20~40km/h | 7 | 10 | 6 | 9 | 4 | 6 | - | - |
| | 20km/h 이하 | 3 | 6 | 3 | 6 | 2 | 4 | - | - |
| 신호·지시 위반 | | 7 | 13 | 6 | 12 | 4 | 8 | 3 | 6 |
| 보행자 보호 의무 불이행 | 횡단보도 | 7 | 13 | 6 | 12 | 4 | 8 | 3 | 6 |
| | 일반도로 | 5 | 9 | 4 | 8 | 3 | 6 | 2 | 4 |

(출처: 서울지방경찰청)

## 과태료

(단위: 만 원)

| 위반 행위 | | 승합자동차등 | | 승용자동차등 | | 이륜자동차등 | |
|---|---|---|---|---|---|---|---|
| | | 일반도로 | 보호구역 | 일반도로 | 보호구역 | 일반도로 | 보호구역 |
| 속도위반 | 60km/h 초과 | 14 | 17 | 13 | 16 | 9 | 11 |
| | 40~60km/h | 11 | 14 | 10 | 13 | 7 | 9 |
| | 20~40km/h | 8 | 11 | 7 | 10 | 5 | 7 |
| | 20km/h 이하 | 4 | 7 | 4 | 7 | 3 | 5 |
| 신호·지시 위반 | | 8 | 14 | 7 | 13 | 5 | 9 |
| 주·정차 위반 (괄호 안은 2시간 이상) | | 5 (6) | 9 (10) | 4 (5) | 8 (9) | - | - |

(출처: 서울지방경찰청)

## 벌점

| 위반 행위 | | 일반도로 | 보호구역 |
|---|---|---|---|
| 속도위반 | 60km/h 초과 | 60점 | 120점 |
| | 40~60km/h | 30점 | 60점 |
| | 20~40km/h | 15점 | 30점 |
| | 20km/h 이하 | 없음 | 15점 |
| 신호·지시 위반 | | 15점 | 30점 |
| 보행자 보호 의무 불이행 | 횡단보도 | 10점 | 20점 |
| | 일반도로 | 10점 | 20점 |

(출처: 서울지방경찰청)

## ◈ 기타 통계 자료

### 사고유형별 교통사고 통계(2013년)

| 사고유형별 (1) | 사고유형별(2) | 2013년도 | | |
|---|---|---|---|---|
| | | 발생건수(건) | 사망자 수(명) | 부상자 수(명) |
| 총계 | | 215,354 | 5,092 | 328,711 |
| 차 대 사람 | 횡단 중 | 18,165 | 922 | 18,452 |
| | 차도 통행 중 | 3,335 | 162 | 3,339 |
| | 길 가장자리 구역 통행 중 | 3,119 | 89 | 3,191 |
| | 보도 통행 중 | 2,216 | 58 | 2,327 |
| | 기타 | 22,295 | 697 | 22,926 |
| 차 대 차 | 정면충돌 | 6,330 | 280 | 12,118 |
| | 측면 직각 충돌 | 60,806 | 592 | 99,847 |
| | 추돌 | 43,205 | 536 | 83,023 |
| | 기타 | 44,915 | 525 | 69,807 |
| 차량 단독 | 공작물 충돌 | 4,500 | 577 | 5,958 |
| | 도로 이탈 | 788 | 193 | 1,038 |
| | 주/정차 차량 충돌 | 27 | 2 | 28 |
| | 전도 · 전복 | 1,534 | 267 | 1,990 |
| | 기타 | 4,115 | 189 | 4,664 |
| 건널목 | 차단기 돌파 | 1 | - | 1 |
| | 경보기 무시 | 1 | 2 | 1 |
| | 기타 | 2 | 1 | 1 |

출처: 통계청(국가통계포털 국내통계)

## 교통사고 현황(2010~2013)

(단위: 건, 명)

| 구분 | 2010년 | 2011년 | 2012년 | 2013년 |
|---|---|---|---|---|
| 사고 | 226,878 | 221,711 | 223,656 | 215,354 |
| 사망 | 5,505 | 5,229 | 5,392 | 5,092 |
| 부상 | 352,458 | 341,391 | 344,565 | 328,711 |
| 자동차 1만 대당 교통사고 | 2.6 | 2.4 | 2.4 | 2.2 |
| 인구 10만 명당 교통사고 사망자 수(명) | 11.3 | 10.7 | 10.8 | 10.1 |
| 보행자 교통사고 사망자 구성비(%) | 37.8 | 39.1 | 37.6 | 38.9 |

출처: e-나라지표(경찰청 교통·경찰업무관리시스템)

## 주요 선진국의 자동차 1만 대당 교통사고 사망자 수('12년)

| 구분 | 한국 | 영국 ('09년) | 독일 | 미국 | 프랑스 | 호주 | 스웨덴 | 일본 | OECD 평균 |
|---|---|---|---|---|---|---|---|---|---|
| 사망자 수 | 2.4명 | 0.5명 | 0.7명 | 1.3명 | 0.9명 | 0.8명 | 0.5명 | 0.6명 | 1.0명 |

출처: e-나라지표(경찰청 교통·경찰업무관리시스템)

## 주요 선진국의 인구 10만 명당 교통사고 사망자 수('12년)

| 구분 | 한국 | 영국 | 독일 | 미국 | 프랑스 | 호주 | 스웨덴 | 일본 | OECD 평균 |
|---|---|---|---|---|---|---|---|---|---|
| 사망자 수 | 10.8명 | 2.8명 | 4.4명 | 10.7명 | 5.8명 | 5.7명 | 3.0명 | 4.1명 | 6.9명 |

출처: e-나라지표(경찰청 교통·경찰업무관리시스템)

## 주요 선진국의 보행중 교통사고 사망자 수 구성비('11년)

| 구분 | 한국 | 영국 | 독일 | 미국 | 프랑스 | 호주 | 스웨덴 | 일본 | OECD 평균 |
|---|---|---|---|---|---|---|---|---|---|
| 구성비(%) | 39.10% | 23.80% | 15.30% | 13.70% | 13.10% | 14.50% | 16.60% | 36.10% | 18.80% |

출처: e-나라지표(경찰청 교통·경찰업무관리시스템)

## ◆ 관련 용어 모음

### 가해자

다른 사람의 생명이나 신체, 재산, 명예 따위에 해를 끼친 사람.

### 공소권

검사가 형사사건에 관한 심판을 법원에 청구하는 권리.

### 과실상계

채무불이행이나 불법행위에서 채권자 또는 가해자에게도 과실이 있으면 손해배상의 책임과 금액의 결정에 있어서 그 과실을 참작하는 것.

### 과실책임

고의 또는 과실로 인한 가해 행위에 대해서 손해배상 책임을 지게 하는 것으로, 자기의 고의 또는 과실에 대해서만 책임을 진다는 의미에서 근대 민법의 기본 원칙의 하나이다.

### 교사

남을 꾀거나 부추겨서 나쁜 짓을 하게 하는 것.

### 구공판

범죄의 객관적 혐의가 충분하고 소송조건을 구비하여 유죄판결을 받을 수 있다고 인정할 때 검사에 의해 제기되는 정식재판이며, 구약식과는 다르게 피고인은 법정에 출석하여 자신에게 적용된 공소사실에 대해 변론을 하게 된다.

### 구약식(검사의 약식명령 청구)

피의사실 및 죄증은 인정되나 그 사실이 경미하여 정식재판의 필요성이 없는 경우 피고인을 출석시키지 않고 재판을 진행하는 약식명령을 구하는 재판으로, 구공판과는 다르게 서류로만 판단하게 되나, 정식재판의 청구기간이 경과했을 경우, 정식재판 청구 취하의 결정이 확정되었을 경우, 정식재판 청구기각 결정이 확정되었을 경우에 확정 판결과 동일한 효력을 갖게 된다.

### 금고

형법이 규정하는 자유형의 일종으로 강제노동을 의무적으로 과하지 않고 수형자를 교도소에 구금하는 행위로, 정역(征役)이 의무적으로 부과되는 징역과 구별된다.

### 기소유예

기소편의주의에 따라 검사가 공소를 제기하지 않는 처분으로, 소송조건을 구비하여 범죄의 객관적 혐의가 있는 경우라도 범인의 연령·성행·지능·환경·피해자에 대한 관계·범행동기·수단·결과·범죄 후의 정황 등 사항을 참작하여 결정한다.

## 내륜차 현상

자동차 회전 시 회전 방향 쪽을 안쪽이라 할 때 안쪽 앞바퀴와 뒷바퀴가 그리는 원호의 반경 차이를 나타내는 현상으로 앞바퀴보다 뒷바퀴의 회전 반경이 작다.

## 도로율: 도로점유면적 / 시가지 면적 × 100

『도시계획시설의 결정·구조 및 설치 기준』에서는 도로를 결정하기 위한 기준의 하나로 용도지역별 도로율을 다음과 같이 정의하여 건축물의 용도·밀도, 주택의 형태 및 지역여건에 따라 적절히 증감할 수 있도록 하고 있다.

1. 주거지역: 20% 이상 30% 미만
주간선도로의 도로율은 10% 이상 15% 미만
2. 상업지역: 25% 이상 35% 미만
주간선도로의 도로율은 10% 이상 15% 미만
3. 공업지역: 10% 이상 20% 미만
주간선도로의 도로율은 5% 이상 10% 미만

## 방조

형법상 남의 범죄 수행에 편의를 주는 모든 행위를 말하며, 정범(正犯)의 범죄 행위에 대한 조언, 격려, 범행 도구의 대여, 범행 장소 및 범행 자금의 제동 등 일체의 행위를 말한다.

## 부진정연대채무

여러 명의 채무자가 동일한 내용의 채무에 관해 각각 독립해서 그 전부의 급부를 이행할 의무를 부담하기로 하고, 그중 한 사람 또는 여러 사람이 급부를 하면 모든 채무자의 채무가 소멸하는 점은 연대채무와 같다. 그러나 채무자 사이에 주관적 관련성이 없으므로 그중 한 사람에 대해 생긴 사유는 변제 등 채권의 목적을 달성하는 사유 이외에는 다른 채무자에게 영향을 미치지 않는다.

예를 들면, 자가용 운전기사가 사고를 낸 경우에 그 운전기사는 불법행위자로서 당연히 책임이 있으며, 자가용 소유자는 사용자로서 책임을 지게 된다. 여기서 자가용 소유자는 본인의 의사와 관계없이 우연히 연대책임 관계가 성립하게 되는데, 이를 부진정연대채무라 한다. 그런데 이 경우에 피해자가 사고를 낸 자가용 운전기사에 대해 손해배상에 관한 권리를 포기하거나 채무를 면제할 의사표시를 했다고 하더라도 다른 채무자인 자가용 소유자에 대해서는 그 효력이 미치지 않는다. 즉, 피해자는 운전기사와 소유자를 상대로 각각 손해배상을 청구할 수도 있고, 자력(自力: 값을 능력)이 있다고 판단되는 소유자만을 상대로 손해배상을 청구할 수도 있는 것이다. 또 운전기사와 소유자 가운데 어느 한쪽과 합의를 했더라도 다른 한쪽에 대해서는 손해배상을 청구할 수 있다.

## 불기소처분

검사가 하는 종국처리의 하나로서, 검사가 공소를 제기하지 아니하는 처분이나, 불기소처분은 확정력이 없으므로 한번 불기소처분을 한 사건이라도 언제든지 수사를 다시 할 수 있고 공소를 제기할 수도 있다.

## 불법행위

고의 또는 과실로 인하여 타인에게 손해를 끼치는 행위로, 아래의 4가지 요건을 갖추어야 성립된다.

1. 가해자의 고의 또는 과실이 있을 것
2. 가해자에게 책임능력이 있을 것
3. 가해행위에 위법성이 있을 것
4. 손해가 발생할 것

## 손해배상

법률에 따라 남에게 끼친 손해를 물어주는 일 또는 그런 돈이나 물건

## 수막현상

달리고 있는 차량의 타이어와 노면 사이에 수막이 생겨 타이어가 노면 접지력을 상실하는 현상.

이 현상이 일어나면 스티어링휠이나 브레이크, 액셀러레이터를 제어할 수 없게 된다. 조건이 나쁠 때에는 시속 80㎞ 정도에서도 발생할 수 있고, 특히 아무런 예고 없이 발생하므로 주의해야 한다. 고속으로 회전하는 타이어와 노면 사이에 수막이 생기면 차가 물 위에 뜬 상태가 되며, 당황해서 급브레이크를 밟거나 스티어링휠을 돌리지 말고, 타이어가 접지력을 회복할 때까지 기다려야 한다. 1㎝ 이하로 수심이 얕은 노면에서는 타이어 홈의 배수능력이 중요하고 물이 깊게 고인 곳에서는 타이어의 형태와 공기압의 영향을 받는다.

## 위드마크 공식

$c = A / (p \times r)$

c: 혈중알코올농도
A: 섭취한 알코올의 양(음주량×술의 농도(%)×0.7894)
p: 체중(kg)
r: 성별에 따른 계수(남자: 0.7, 여자: 0.6)

## 자인서

어떤 사실에 대하여 본인 스스로 인정 및 확인하는 글로서, 상황에 대한 참고 자료 및 진술에 대한 책임의무도 있음.

## 재물손괴

타인의 재물, 문서 또는 전자기록 등 특수매체를 손괴 또는 은닉 기타의 방법으로 그 이용가치 내지 효용의 전부 또는 일부를 해하는 행위.

## 통고처분

법률이 정하는 일정한 행정범을 범한 심증이 확실한 때에 그에 대한 벌금·과료·몰수 또는 추징금에 상당하는 금액을 일정한 장소에 납부하도록 통고하는 행정행위.

## 피의자

범죄의 혐의가 있어서 정식으로 입건되었으나, 아직 공소 제기가 되지 아니한 사람.

## 피해자

자신의 생명이나 신체, 재산, 명예 따위에 침해 또는 위협을 받은 사람.

## 형사합의

11대 중과실 항목과 중상해, 뺑소니, 사망사고에 해당하는 교통사고가 발생한 경우 피의자는 종합보험가입 여부와 무관하게 형사처벌을 받게 되는데, 가해자가 형사처벌 경감을 위하여 피해자와 하는 합의 행위로 보험회사와 하는 민사합의와는 별개로 진행된다.

# ◆관련 법령 모음

도로교통법(법률 제12917호 일부개정 2014. 12. 30.)

## 제41조 (정비불량차의 점검)

① 경찰공무원은 정비불량차에 해당한다고 인정하는 차가 운행되고 있는 경우에는 우선 그 차를 정지시킨 후, 운전자에게 그 차의 자동차등록증 또는 자동차 운전면허증을 제시하도록 요구하고 그 차의 장치를 점검할 수 있다.

② 경찰공무원은 제1항에 따라 점검한 결과 정비불량 사항이 발견된 경우에는 그 정비불량 상태의 정도에 따라 그 차의 운전자로 하여금 응급조치를 하게 한 후에 운전을 하도록 하거나 도로 또는 교통 상황을 고려하여 통행구간, 통행로와 위험방지를 위한 필요한 조건을 정한 후 그에 따라 운전을 계속하게 할 수 있다.

③ 지방경찰청장은 제2항에도 불구하고 정비 상태가 매우 불량하여 위험발생의 우려가 있는 경우에는 그 차의 자동차등록증을 보관하고 운전의 일시정지를 명할 수 있다. 이 경우 필요하면 10일의 범위에서 정비기간을 정하여 그 차의 사용을 정지시킬 수 있다.

④ 제1항부터 제3항까지의 규정에 따른 장치의 점검 및 사용의 정지에 필요한 사항은 대통령령으로 정한다.

[전문개정 2011.6.8] [[시행일 2011.12.9]]

## 제44조(술에 취한 상태에서의 운전 금지)

① 누구든지 술에 취한 상태에서 자동차등(「건설기계관리법」 제26조제1항 단서에 따른 건설기계 외의 건설기계를 포함한다. 이하 이 조, 제45조, 제47조, 제93조제1항제1호부터 제4호까지 및 제148조의2에서 같다)을 운전하여서는 아니 된다.

② 경찰공무원(자치경찰공무원은 제외한다. 이하 이 항에서 같다)은 교통의 안전과 위험방지를 위하여 필요하다고 인정하거나 제1항을 위반하여 술에 취한 상태에서 자동차등을 운전하였다고 인정할 만한 상당한 이유가 있는 경우에는 운전자가 술에 취하였는지를 호흡조사로 측정할 수 있다. 이 경우 운전자는 경찰공무원의 측정에 응하여야 한다.

④ 제1항에 따라 운전이 금지되는 술에 취한 상태의 기준은 운전자의 혈중알코올농도가 0.05퍼센트 이상인 경우로 한다.

## 제92조(운전면허증 휴대 및 제시 등의 의무)

① 자동차등을 운전할 때에는 다음 각 호의 어느 하나에 해당하는 운전면허증 등을 지니고 있어야 한다.

1. 운전면허증, 제96조제1항에 따른 국제운전면허증이나 「건설기계관리법」에 따른 건설기계조종사면허증(이하 "운전면허증등"이라 한다)
2. 운전면허증등을 갈음하는 다음 각 목의 증명서
가. 제91조에 따른 임시운전증명서
나. 제138조에 따른 범칙금 납부통고서 또는 출석지시서
다. 제143조제1항에 따른 출석고지서

② 운전자는 운전 중에 교통안전이나 교통질서 유지를 위하여 경찰공무원이 제1항에 따른 운전면허증등 또는 이를 갈음하는 증명서를 제시할 것

을 요구하거나 운전자의 신원 및 운전면허 확인을 위한 질문을 할 때에는 이에 응하여야 한다.


## 제93조 (운전면허의 취소·정지)

1. 제44조제1항을 위반하여 술에 취한 상태에서 자동차등을 운전한 경우


## 제148조의2 (벌칙)

② 제44조제1항을 위반하여 술에 취한 상태에서 자동차등을 운전한 사람은 다음 각 호의 구분에 따라 처벌한다.

1. 혈중알콜농도가 0.2퍼센트 이상인 사람은 1년 이상 3년 이하의 징역이나 500만원 이상 1천만원 이하의 벌금

2. 혈중알콜농도가 0.1퍼센트 이상 0.2퍼센트 미만인 사람은 6개월 이상 1년 이하의 징역이나 300만원 이상 500만원 이하의 벌금

3. 혈중알콜농도가 0.05퍼센트 이상 0.1퍼센트 미만인 사람은 6개월 이하의 징역이나 300만원 이하의 벌금


## 제151조(벌칙)

차의 운전자가 업무상 필요한 주의를 게을리하거나 중대한 과실로 다른 사람의 건조물이나 그 밖의 재물을 손괴한 경우에는 2년 이하의 금고나 500만원 이하의 벌금에 처한다.


## 제155호(벌칙)

제92조제2항을 위반하여 경찰공무원의 운전면허증등의 제시 요구나 운

전자 확인을 위한 진술 요구에 따르지 아니한 사람은 20만원 이하의 벌금 또는 구류에 처한다.

[전문개정 2011.6.8] [[시행일 2011.12.9]]

### 제162조(통칙)

① 이 장에서 "범칙행위"란 제156조 각 호 또는 제157조 각 호의 죄에 해당하는 위반행위를 말하며, 그 구체적인 범위는 대통령령으로 정한다.

② 이 장에서 "범칙자"란 범칙행위를 한 사람으로서 다음 각 호의 어느 하나에 해당하지 아니하는 사람을 말한다.

1. 범칙행위 당시 제92조제1항에 따른 운전면허증등 또는 이를 갈음하는 증명서를 제시하지 못하거나 경찰공무원의 운전자 신원 및 운전면허 확인을 위한 질문에 응하지 아니한 운전자

2. 범칙행위로 교통사고를 일으킨 사람. 다만, 「교통사고처리 특례법」 제3조제2항 및 제4조에 따라 업무상과실치상죄·중과실치상죄 또는 이 법 제151조의 죄에 대한 벌을 받지 아니하게 된 사람은 제외한다.

③ 이 장에서 "범칙금"이란 범칙자가 제163조에 따른 통고처분에 따라 국고(國庫) 또는 제주특별자치도의 금고에 내야 할 금전을 말하며, 범칙금의 액수는 범칙행위의 종류 및 차종(車種) 등에 따라 대통령령으로 정한다.

[전문개정 2011.6.8] [[시행일 2011.12.9]]

도로교통법 시행령(대통령령 제25946호 일부개정 2014. 12. 31.)


## 제88조(과태료 부과 및 징수 절차 등)

④ 법 제160조에 따른 과태료의 부과기준은 별표 6과 같다. 다만, 법 제12조제1항에 따른 어린이 보호구역(이하 "어린이보호구역"이라 한다) 및 법 제12조의2제1항에 따른 노인·장애인 보호구역(이하 "노인·장애인보호구역"이라 한다)에서 오전 8시부터 오후 8시까지 법 제5조, 제17조제3항 및 제32조 부터 제34조까지의 규정 중 어느 하나를 위반한 경우 과태료의 부과기준은 별표 7과 같다. [개정 2014.12.31]


## 제93조(범칙행위의 범위와 범칙금액)

② 별표 8에도 불구하고 어린이보호구역 및 노인·장애인보호구역에서 오전 8시부터 오후 8시까지 법 제5조, 제6조제1항·제2항·제4항, 제17조제3항, 제27조, 제32조 부터 제34조까지 및 제35조제1항의 어느 하나에 해당하는 범칙행위를 한 경우 범칙금액은 별표 10과 같다. [개정 2014.12.31] [전문개정 2013.6.28] [[시행일 2013.12.29]]

별표8. (범칙행위 및 범칙금액)

| 범칙행위<br>(제한속도 초과) | 승합자동차등 | 승용자동차등 | 이륜자동차등 | 자전거등 |
|---|---|---|---|---|
| 속도위반<br>(20km/h 이하) | 3만원 | 3만원 | 2만원 | 1만원 |
| 속도위반<br>(20km/h 초과 40km 이하) | 7만원 | 6만원 | 4만원 | 3만원 |
| 속도위반<br>(40km/h 초과 60km 이하) | 10만원 | 9만원 | 6만원 | - |
| 속도위반<br>(60km/h 초과) | 13만원 | 12만원 | 8만원 | - |
| 속도위반<br>(최저속도 위반) | 2만원 | 2만원 | 1만원 | 1만원 |

## 별표10. (보호구역에서의 범칙행위 및 범칙금액)

| 범칙 행위 | 근거 법조문<br>(도로교통법) | 차량 종류별 범칙금액 |
|---|---|---|
| 1. 신호·지시 위반<br>2. 횡단보도 보행자 횡단 방해 | 제5조<br>제27조제1항·제2항 | 1) 승합자동차등: 13만원<br>2) 승용자동차등: 12만원<br>3) 이륜자동차등: 8만원<br>4) 자전거등: 6만원 |
| 3. 속도위반 | | |
| 가. 60km/h 초과 | | 1) 승합자동차등: 16만원<br>2) 승용자동차등: 15만원<br>3) 이륜자동차등: 10만원 |
| 나. 40km/h 초과 60km/h 이하 | 제17조제3항 | 1) 승합자동차등: 13만원<br>2) 승용자동차등: 12만원<br>3) 이륜자동차등: 8만원 |
| 다. 20km/h 초과 40km/h 이하 | | 1) 승합자동차등: 10만원<br>2) 승용자동차등: 9만원<br>3) 이륜자동차등: 6만원 |
| 라. 20km/h 이하 | | 1) 승합자동차등: 6만원<br>2) 승용자동차등: 6만원<br>3) 이륜자동차등: 4만원 |
| 4. 통행 금지·제한 위반<br>5. 보행자 통행 방해 또는<br> 보호 불이행<br>6. 정차·주차 금지 위반<br>7. 주차금지 위반<br>8. 정차·주차방법 위반<br>9. 정차·주차 위반에 대한<br> 조치 불응 | 제6조제1항·제2항·제4항<br>제27조제3항부터 제5항까지<br>제32조<br>제33조<br>제34조<br>제35조제1항 | 1) 승합자동차등: 9만원<br>2) 승용자동차등: 8만원<br>3) 이륜자동차등: 6만원<br>4) 자전거등: 4만원 |

## 별표6. (과태료 부과 기준)

| 위반행위 및 행위자 | 근거 법조문 (도로교통법) | 과태료 금액 |
|---|---|---|
| 1. 법 제5조를 위반하여 신호 또는 지시를 따르지 않은 차의 고용주등 | 제160조제3항 | 1) 승합자동차등: 8만원<br>2) 승용자동차등: 7만원<br>3) 이륜자동차등: 5만원 |
| 2. 다음 각 목의 어느 하나에 해당하는 차의 고용주등<br>　가. 법 제13조제3항을 위반하여 중앙선을 침범한 차<br>　나. 법 제60조제1항을 위반하여 고속도로에서 갓길로 통행한 차<br>　다. 법 제61조제2항에서 준용되는 제15조제3항을 위반하여 고속도로에서 전용차로로 통행한 차 | 제160조제3항 | 1) 승합자동차등: 10만원<br>2) 승용자동차등: 9만원 |
| 3. 법 제15조제3항을 위반하여 일반도로에서 전용차로로 통행한 차의 고용주등 | 제160조제3항 | 1) 승합자동차등: 6만원<br>2) 승용자동차등: 5만원<br>3) 이륜자동차등: 4만원 |
| 4. 법 제17조제3항을 위반하여 제한속도를 준수하지 않은 차의 고용주등<br><br>　가. 60km/h 초과 | 제160조제3항 | 1) 승합자동차등: 14만원<br>2) 승용자동차등: 13만원<br>3) 이륜자동차등: 9만원 |
| 　나. 40km/h 초과 60km/h 이하 | | 1) 승합자동차등: 11만원<br>2) 승용자동차등: 10만원<br>3) 이륜자동차등: 7만원 |
| 　다. 20km/h 초과 40km/h 이하 | | 1) 승합자동차등: 8만원<br>2) 승용자동차등: 7만원<br>3) 이륜자동차등: 5만원 |
| 　라. 20km/h 이하 | | 1) 승합자동차등: 4만원<br>2) 승용자동차등: 4만원<br>3) 이륜자동차등: 3만원 |

별표7. (보호구역에서의 과태료 부과기준)

| 위반행위 및 행위자 | 근거 법조문 (도로교통법) | 차량 종류별 과태료 금액 |
|---|---|---|
| 1. 법 제5조를 위반하여 신호 또는 지시를 따르지 않은 차의 고용주등 | 제160조제3항 | 1) 승합자동차등: 14만원<br>2) 승용자동차등: 13만원<br>3) 이륜자동차등: 9만원 |
| 2. 법 제17조제3항을 위반하여 제한속도를 준수하지 않은 차의 고용주등 | 제160조제3항 | |
| 가. 60km/h 초과 | | 1) 승합자동차등: 17만원<br>2) 승용자동차등: 16만원<br>3) 이륜자동차등: 11만원 |
| 나. 40km/h 초과 60km/h 이하 | | 1) 승합자동차등: 14만원<br>2) 승용자동차등: 13만원<br>3) 이륜자동차등: 9만원 |
| 다. 20km/h 초과 40km/h 이하 | | 1) 승합자동차등: 11만원<br>2) 승용자동차등: 10만원<br>3) 이륜자동차등: 7만원 |
| 라. 20km/h 이하 | | 1) 승합자동차등: 7만원<br>2) 승용자동차등: 7만원<br>3) 이륜자동차등: 5만원 |
| 3. 법 제32조부터 제34조까지의 규정을 위반하여 정차 또는 주차를 한 차의 고용주등 | 제160조제3항 | 1) 승합자동차: 9만원(10만원)<br>2) 승용자동차: 8만원(9만원) |

도로교통법 시행규칙(행정자치부령 제11호 일부개정 2014. 12. 31.)

제16조(차로에 따른 통행구분)

①법 제14조제1항에 따라 차로를 설치한 경우 그 도로의 중앙에서 오른쪽으로 2 이상의 차로(전용차로가 설치되어 운용되고 있는 도로에서는 전용차로를 제외한다)가 설치된 도로 및 일방통행도로에 있어서 그 차로에 따른 통행 차의 기준은 별표 9와 같다.

인생운전 안전신호등

별표9. 〈개정 2013.12.30〉

차로에 따른 통행차의 기준(제16조제1항 및 제39조제1항 관련)

| 도로 | | 차로구분 | 통행할 수 있는 차종 |
|---|---|---|---|
| 고속도로 외의도로 | 편도 4 차로 | 1차로 | ○승용자동차, 중·소형승합자동차 |
| | | 2차로 | |
| | | 3차로 | ○대형승합자동차, 적재중량이 1.5톤 이하인 화물자동차 |
| | | 4차로 | ○적재중량이 1.5톤을 초과하는 화물자동차, 특수자동차, 건설기계, 이륜자동차, 원동기장치자전거, 자전거 및 우마차 |
| | 편도 3 차로 | 1차로 | ○승용자동차, 중·소형승합자동차 |
| | | 2차로 | ○대형승합자동차, 적재중량이 1.5톤 이하인 화물자동차 |
| | | 3차로 | ○적재중량이 1.5톤을 초과하는 화물자동차, 특수자동차, 건설기계, 이륜자동차, 원동기장치자전거, 자전거 및 우마차 |
| | 편도 2 차로 | 1차로 | ○승용자동차, 중·소형승합자동차 |
| | | 2차로 | ○대형승합자동차, 화물자동차, 특수자동차, 건설기계, 이륜자동차, 원동기장치자전거, 자전거 및 우마차 |
| 고속도로 | 편도 4 차로 | 1차로 | ○2차로가 주행차로인 자동차의 앞지르기 차로 |
| | | 2차로 | ○승용자동차, 중·소형승합자동차의 주행차로 |
| | | 3차로 | ○대형승합자동차 및 적재중량이 1.5톤 이하인 화물자동차의 주행차로 |
| | | 4차로 | ○적재중량이 1.5톤을 초과하는 화물자동차, 특수자동차 및 건설기계의 주행차로 |
| | 편도 3 차로 | 1차로 | ○2차로가 주행차로인 자동차의 앞지르기 차로 |
| | | 2차로 | ○승용자동차, 승합자동차의 주행차로 |
| | | 3차로 | ○화물자동차, 특수자동차 및 건설기계의 주행차로 |
| | 편도 2 차로 | 1차로 | ○앞지르기 차로 |
| | | 2차로 | ○모든 자동차의 주행차로 |

제19조 (자동차등의 속도)

①법 제17조제1항에 따른 자동차등의 운행속도는 다음 각 호와 같다. [개정 2010.7.9]

1. 일반도로(고속도로 및 자동차전용도로 외의 모든 도로를 말한다)에서는 매시 60킬로미터 이내. 다만, 편도 2차로 이상의 도로에서는 매시 80킬로미터 이내

2. 자동차전용도로에서의 최고속도는 매시 90킬로미터, 최저속도는 매시 30킬로미터

3. 고속도로

가. 편도 1차로 고속도로에서의 최고속도는 매시 80킬로미터, 최저속도는 매시 50킬로미터

나. 편도 2차로 이상 고속도로에서의 최고속도는 매시 100킬로미터[화물자동차(적재중량 1.5톤을 초과하는 경우에 한한다. 이하 이 호에서 같다)·특수자동차·위험물운반자동차(별표 9 (주) 6에 따른 위험물 등을 운반하는 자동차를 말한다. 이하 이 호에서 같다) 및 건설기계의 최고속도는 매시 80킬로미터], 최저속도는 매시 50킬로미터

다. 나목에 불구하고 편도 2차로 이상의 고속도로로서 경찰청장이 고속도로의 원활한 소통을 위하여 특히 필요하다고 인정하여 지정·고시한 노선 또는 구간의 최고속도는 매시 120킬로미터(화물자동차·특수자동차·위험물운반자동차 및 건설기계의 최고속도는 매시 90킬로미터) 이내, 최저속도는 매시 50킬로미터

②비·안개·눈 등으로 인한 악천후 시에는 제1항에 불구하고 다음 각 호의 기준에 의하여 감속운행하여야 한다. 다만, 경찰청장 또는 지방경찰청장이 별표 6 I. 제1호타목에 따른 가변형 속도제한표지로 최고속도를 정한

경우에는 이에 따라야 하며, 가변형 속도제한표지로 정한 최고속도와 그 밖의 안전표지로 정한 최고속도가 다를 때에는 가변형 속도제한표지에 따라야 한다. [개정 2010.7.9] [[시행일 2011.7.10]]

1. 최고속도의 100분의 20을 줄인 속도로 운행하여야 하는 경우

가. 비가 내려 노면이 젖어있는 경우

나. 눈이 20밀리미터 미만 쌓인 경우

2. 최고속도의 100분의 50을 줄인 속도로 운행하여야 하는 경우

가. 폭우·폭설·안개 등으로 가시거리가 100미터 이내인 경우

나. 노면이 얼어 붙은 경우

다. 눈이 20밀리미터 이상 쌓인 경우

③ 경찰청장 또는 지방경찰청장이 법 제17조제2항에 따라 구역 또는 구간을 지정하여 자동차등의 속도를 제한하려는 경우에는 「도로의 구조·시설 기준에 관한 규칙」 제8조에 따른 설계속도, 실제 주행속도, 교통사고 발생 위험성, 도로주변 여건 등을 고려하여야 한다. [신설 2010.7.9]


## 제91조(운전면허의 취소·정지처분 기준 등)

①법 제93조에 따라 운전면허를 취소 또는 정지시킬 수 있는 기준(교통법규를 위반하거나 교통사고를 일으킨 경우 그 위반 및 피해의 정도 등에 따라 부과하는 벌점의 기준을 포함한다)과 법 제97조제1항에 따라 자동차등의 운전을 금지시킬 수 있는 기준은 별표 28과 같다.

별표28. (일부 발췌)

운전면허 취소 기준

○술에 취한 상태의 기준(혈중알콜농도 0.05퍼센트 이상)을 넘어서 운전을 하다가 교통사고로 사람을 죽게 하거나 다치게 한 때

○술에 만취한 상태(혈중알콜농도 0.1퍼센트 이상)에서 운전한 때

○2회 이상 술에 취한 상태의 기준을 넘어 운전하거나 술에 취한 상태의 측정에 불응한 사람이 다시 술에 취한 상태(혈중알콜농도 0.05퍼센트 이상)에서 운전한 때

○술에 취한 상태에서 운전하거나 술에 취한 상태에서 운전하였다고 인정할 만한 상당한 이유가 있음에도 불구하고 경찰공무원의 측정 요구에 불응한 때

운전면허 정지 기준(일부 발췌)

○술에 취한 상태의 기준을 넘어서 운전한 때

　(혈중알콜농도 0.05퍼센트 이상 0.1퍼센트 미만)

별표6. 안전표지의 종류, 만드는 방식 등

521번 일시 정지 표시: 차가 일시정지하여야 할 것을 표시하는 것으로 교차로, 횡단보도, 철길건널목 등 차가 일시정지하여야 할 장소의 2미터 내지 3미터 지점에 설치

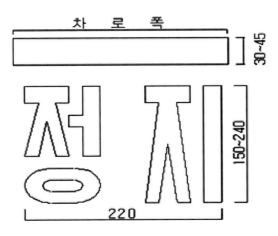

교통사고처리 특례법(법률 제10790호(도로교통법) 일부개정 2011. 06. 08.)


제3조(처벌의 특례)

① 차의 운전자가 교통사고로 인하여 「형법」 제268조의 죄를 범한 경우에는 5년 이하의 금고 또는 2천만원 이하의 벌금에 처한다.

② 차의 교통으로 제1항의 죄 중 업무상과실치상죄(業務上過失致傷罪) 또는

중과실치상죄(重過失致傷罪)와 「도로교통법」 제151조의 죄를 범한 운전자에 대하여는 피해자의 명시적인 의사에 반하여 공소(公訴)를 제기할 수 없다. 다만, 차의 운전자가 제1항의 죄 중 업무상과실치상죄 또는 중과실치상죄를 범하고도 피해자를 구호(救護)하는 등 「도로교통법」 제54조제1항에 따른 조치를 하지 아니하고 도주하거나 피해자를 사고 장소로부터 옮겨 유기(遺棄)하고 도주한 경우, 같은 죄를 범하고 「도로교통법」 제44조제2항을 위반하여 음주측정 요구에 따르지 아니한 경우(운전자가 채혈 측정을 요청하거나 동의한 경우는 제외한다)와 다음 각 호의 어느 하나에 해당하는 행위로 인하여 같은 죄를 범한 경우에는 그러하지 아니하다.

1. 「도로교통법」 제5조에 따른 신호기가 표시하는 신호 또는 교통정리를 하는 경찰공무원등의 신호를 위반하거나 통행금지 또는 일시정지를 내용으로 하는 안전표지가 표시하는 지시를 위반하여 운전한 경우

2. 「도로교통법」 제13조제3항을 위반하여 중앙선을 침범하거나 같은 법 제62조를 위반하여 횡단, 유턴 또는 후진한 경우

3. 「도로교통법」 제17조제1항 또는 제2항에 따른 제한속도를 시속 20킬로미터 초과하여 운전한 경우

4. 「도로교통법」 제21조제1항, 제22조, 제23조에 따른 앞지르기의 방법·금지시기·금지장소 또는 끼어들기의 금지를 위반하거나 같은 법 제60조제2항에 따른 고속도로에서의 앞지르기 방법을 위반하여 운전한 경우

5. 「도로교통법」 제24조에 따른 철길건널목 통과방법을 위반하여 운전한 경우

6. 「도로교통법」 제27조제1항에 따른 횡단보도에서의 보행자 보호의무를 위반하여 운전한 경우

7. 「도로교통법」 제43조, 「건설기계관리법」 제26조 또는 「도로교통법」 제

96조를 위반하여 운전면허 또는 건설기계조종사면허를 받지 아니하거나 국제운전면허증을 소지하지 아니하고 운전한 경우. 이 경우 운전면허 또는 건설기계조종사면허의 효력이 정지 중이거나 운전의 금지 중인 때에는 운전면허 또는 건설기계조종사면허를 받지 아니하거나 국제운전면허증을 소지하지 아니한 것으로 본다.

8. 「도로교통법」 제44조제1항을 위반하여 술에 취한 상태에서 운전을 하거나 같은 법 제45조를 위반하여 약물의 영향으로 정상적으로 운전하지 못할 우려가 있는 상태에서 운전한 경우

9. 「도로교통법」 제13조제1항을 위반하여 보도(步道)가 설치된 도로의 보도를 침범하거나 같은 법 제13조제2항에 따른 보도 횡단방법을 위반하여 운전한 경우

10. 「도로교통법」 제39조제2항에 따른 승객의 추락 방지의무를 위반하여 운전한 경우

11. 「도로교통법」 제12조제3항에 따른 어린이 보호구역에서 같은 조 제1항에 따른 조치를 준수하고 어린이의 안전에 유의하면서 운전하여야 할 의무를 위반하여 어린이의 신체를 상해(傷害)에 이르게 한 경우

[전문개정 2011.4.12]


민법(제13125호 일부개정 2015. 02. 03.)


제750조(불법행위의 내용)

고의 또는 과실로 인한 위법행위로 타인에게 손해를 가한 자는 그 손해를 배상할 책임이 있다.

자동차손해배상 보장법(법률 제12987호 일부개정 2015. 01. 06.)

제3조(자동차손해배상책임)

자기를 위하여 자동차를 운행하는 자는 그 운행으로 다른 사람을 사망하게 하거나 부상하게 한 경우에는 그 손해를 배상할 책임을 진다. 다만, 다음 각 호의 어느 하나에 해당하면 그러하지 아니하다.

1. 승객이 아닌 자가 사망하거나 부상한 경우에 자기와 운전자가 자동차의 운행에 주의를 게을리 하지 아니하였고, 피해자 또는 자기 및 운전자 외의 제3자에게 고의 또는 과실이 있으며, 자동차의 구조상의 결함이나 기능상의 장해가 없었다는 것을 증명한 경우

2. 승객이 고의나 자살행위로 사망하거나 부상한 경우

경찰관 직무집행법(법률 제12960호(총포·도검·화약류 등의 안전관리에 관한 법률) 일부개정 2015. 01. 06.)

제3조 (불심검문)

① 경찰관은 다음 각 호의 어느 하나에 해당하는 사람을 정지시켜 질문할 수 있다.

1. 수상한 행동이나 그 밖의 주위 사정을 합리적으로 판단하여 볼 때 어떠한 죄를 범하였거나 범하려 하고 있다고 의심할 만한 상당한 이유가 있는 사람

2. 이미 행하여진 범죄나 행하여지려고 하는 범죄행위에 관한 사실을 안

다고 인정되는 사람

② 경찰관은 제1항에 따라 같은 항 각 호의 사람을 정지시킨 장소에서 질문을 하는 것이 그 사람에게 불리하거나 교통에 방해가 된다고 인정될 때에는 질문을 하기 위하여 가까운 경찰서·지구대·파출소 또는 출장소(지방해양경비안전관서를 포함하며, 이하 "경찰관서"라 한다)로 동행할 것을 요구할 수 있다. 이 경우 동행을 요구받은 사람은 그 요구를 거절할 수 있다. [개정 2014.11.19 제12844호(정부조직법)]

③ 경찰관은 제1항 각 호의 어느 하나에 해당하는 사람에게 질문을 할 때에 그 사람이 흉기를 가지고 있는지를 조사할 수 있다.

④ 경찰관은 제1항이나 제2항에 따라 질문을 하거나 동행을 요구할 경우 자신의 신분을 표시하는 증표를 제시하면서 소속과 성명을 밝히고 질문이나 동행의 목적과 이유를 설명하여야 하며, 동행을 요구하는 경우에는 동행 장소를 밝혀야 한다.

⑤ 경찰관은 제2항에 따라 동행한 사람의 가족이나 친지 등에게 동행한 경찰관의 신분, 동행 장소, 동행 목적과 이유를 알리거나 본인으로 하여금 즉시 연락할 수 있는 기회를 주어야 하며, 변호인의 도움을 받을 권리가 있음을 알려야 한다.

⑥ 경찰관은 제2항에 따라 동행한 사람을 6시간을 초과하여 경찰관서에 머물게 할 수 없다.

⑦ 제1항부터 제3항까지의 규정에 따라 질문을 받거나 동행을 요구받은 사람은 형사소송에 관한 법률에 따르지 아니하고는 신체를 구속당하지 아니하며, 그 의사에 반하여 답변을 강요당하지 아니한다.

[전문개정 2014.5.20]

특정범죄 가중처벌 등에 관한 법률(법률 제11955호 일부개정 2013. 07. 30.)

## 제5조의3(도주차량 운전자의 가중처벌)

① 「도로교통법」 제2조에 규정된 자동차·원동기장치자전거의 교통으로 인하여 「형법」 제268조의 죄를 범한 해당 차량의 운전자(이하 "사고운전자"라 한다)가 피해자를 구호(救護)하는 등 「도로교통법」 제54조제1항에 따른 조치를 하지 아니하고 도주한 경우에는 다음 각 호의 구분에 따라 가중처벌한다.

1. 피해자를 사망에 이르게 하고 도주하거나, 도주 후에 피해자가 사망한 경우에는 무기 또는 5년 이상의 징역에 처한다.

2. 피해자를 상해에 이르게 한 경우에는 1년 이상의 유기징역 또는 500만원 이상 3천만원 이하의 벌금에 처한다.

② 사고운전자가 피해자를 사고 장소로부터 옮겨 유기하고 도주한 경우에는 다음 각 호의 구분에 따라 가중처벌한다.

1. 피해자를 사망에 이르게 하고 도주하거나, 도주 후에 피해자가 사망한 경우에는 사형, 무기 또는 5년 이상의 징역에 처한다.

2. 피해자를 상해에 이르게 한 경우에는 3년 이상의 유기징역에 처한다.

[전문개정 2010.3.31]

# ◈ 운전면허 관련 사항 모음

◆ 도로교통법의 목적은 ☞ 교통상의 위험과 장해를 방지하고 제거하여 안전하고 원활한 교통을 확보

◆ 도로란 ☞ ① "도로법"에 의한 도로 ② "유료 도로법"에 의한 유료도로 ③ 그밖에 현실적으로 불특정 다수의 사람 또는 차마의 통행을 위하여 공개된 장소

◆ 중앙선은 ☞ 차도의 중앙에 황색 실선 또는 황색 점선이나 중앙분리대, 울타리 등으로 설치

◆ 길 가장자리 구역은 ☞ 보행자의 안전을 확보하기 위하여 도로 가장자리에 설치

◆ 차에 해당되지 않는 것은 ☞ 유모차, 신체장애인용 의자차

◆ 자동차에 해당되지 않는 것은 ☞ 원동기 장치 자전거(125cc 이하 이륜), 농업용 콤바인

◆ 주차란 ☞ 승객을 기다리거나 화물을 싣거나 고장 또는 차를 계속하여 정지 상태에 두는 것 또는 운전자가 차로부터 떠나서 즉시 운전할 수 없는 상태

◆ 정차란 ☞ 5분을 초과하지 않는 주차 외의 정지

◆ 초보운전자 ☞ 처음 운전면허를 받은 날부터 2년이 경과되지 아니한 사람

◆ 서행이란 ☞ 즉시 정지시킬 수 있는 느린 속도로 진행

◆ 운전자의 바른 자세는 ☞ 교통법규 준수, 양보운전, 인명 존중

◆ 교통사고 운전자의 책임은 ☞ 형사상, 민사상, 행정상의 책임

◆ 엔진 오일 점검 ☞ 게이지의 L과 F사이의 중간 위가 적당(검은색 오일:

엔진 오일 심한 오염, 우유색 오일: 냉각수 혼입)

◆ 냉각수는 ☞ 수돗물, 증류수로 보충

◆ 겨울철 연료를 가득 채우는 이유 ☞ 적으면 수증기가 응축된다

◆ 전조등을 끄고 엔진을 시동하는 이유는 ☞ 많은 전류를 얻어 시동하
   기 위해

◆ 점검창이 있는 배터리의 정상 색깔은 ☞ 녹색

◆ 엔진 브레이크를 사용할 경우는 ☞ 긴 내리막길을 내려갈 때

◆ 타이어의 정상적인 공기압은 ☞ 규정압력

◆ 녹색 등화 시 통행 방법으로 옳은 것은 ☞ 직진 또는 우회전

◆ 녹색 등화에서 교차로 직진 중 황색등화로 바뀌었을 때는☞ 신속히 교
   차로 밖으로 진행

◆ 교차로 직전에서 황색 등화로 바뀌었을 때는 ☞ 정지선이나 횡단보도
   앞 정지

◆ 녹색 신호와 화살표 신호가 동시에 켜졌을 경우는 ☞ 직진 또는 좌회
   전 가능

◆ 황색 등화가 표시하는 뜻은 ☞ 정지선에 정지한다.

◆ 교차로에서 적색 등화일 때 진입할 수 있는 경우는 ☞ 경찰 공무원이
   진행 신호를 보낼 때

◆ 적색 등화 점멸 시 ☞ 일시정지 안전 확인 후 진행

◆ 황색 등화 점멸 시 ☞ 서행으로 주의 진행

◆ 비보호 좌회전은 ☞ 녹색 신호 시에 한다. 다른 교통 방해 시 신호 위반

◆ 보행등의 녹색 등화 점멸은 ☞ 횡단 시작 금지(횡단 중인 자 신속히 완료)

◆ 신호기가 표시하는 신호와 수신호가 다른 때 ☞ 경찰 공무원 등의 수
   신호가 우선

◆ 차가 도로 이외의 곳에 출입 시 ☞ 일시정지

◆ 차로의 순위는 ☞ 도로의 중앙선 쪽 차로부터 1차로(일방통행도로 왼쪽 부터 1차로)

◆ 편도 1차로에서 자전거를 비켜 갈 때는 ☞ 측방 간격을 유지하며 서행 통과

◆ 차선의 실선은 ☞ 진로 변경 금지, 앞지르기 금지

◆ 차선의 점선은 ☞ 진로 변경 및 앞지르기를 할 수 있다

◆ 차마의 통행 우선순위 ☞ 긴급차 → 일반 자동차 → 원동기 장치 자전 거 → 그 외의 차마

◆ 비탈진 좁은 도로에서 우선순위는 ☞ 올라가는 자동차가 양보

◆ 비탈진 좁은 도로 외의 좁은 도로에서 우선순위는 ☞ 빈 자동차가 양보

◆ 일반도로에서 우회전(좌회전)하고자 할 때 신호 시기는 ☞ 30미터 전방

◆ 진로 변경 신호는 ☞ 30미터 이상(고속도로 100미터 이상)

◆ 앞지르기는 ☞ 앞차의 좌측으로 한다

◆ 앞지르기할 때의 속도는 ☞ 법정(제한)최고속도 내

◆ 앞지르기 금지 장소는 ☞ 교차로, 터널 안, 다리 위, 도로가 구부러진 곳, 비탈길의 고갯마루

◆ 어린이 통학버스는 ☞ 승차 정원 9인승 이상 승합, 앞지르기 할 수 없다.

◆ 소방 자동차, 구급자동차는 ☞ 긴급차의 지정을 받을 필요가 없다.

◆ 지방경찰청자의 지정을 받아야 긴급차로 되는 차는 ☞ 전기사업, 가스 사업, 긴급 우편물차

◆ 긴급자동차로 보는 자동차는 ☞ 긴급자동차에 유도되고 있는 자동차, 생명이 위급한 환자나 부상자를 운반 중인 자동차(전조등 또는 비상표시

등을 켜거나 적당한 방법으로 표시)

◆ 교차로 부근에서 긴급차가 접근할 때는 ☞ 도로 우측 가장자리로 피양

◆ 교통정리가 없는 교차로에서 우선순위 ☞ ① 먼저 진입한 차 ② 폭 넓은 도로 차 ③ 우측도로 차

◆ 교차로에서 우회전 시 주의해야 하는 것은 ☞ 내륜차

◆ 교차로에서 금지되는 행위는 ☞ 앞지르기

◆ 일반도로에서의 최고속도는 ☞ 편도 1차로 60㎞/h, 편도 2차로 이상 80km/h

◆ 자동차 전용도로에서의 속도는 ☞ 최고 90㎞/h, 최저 30㎞/h

◆ 경부 고속도로에서 승용, 승합 1.5톤 이하 화물차의 속도는 ☞ 최고 100㎞/h, 최저 50㎞/h

◆ 중부, 서해안 고속도로에서의 승용. 1.5톤 화물차의 속도는 ☞ 최고 11 ㎞/h, 최저 60㎞/h

◆ 50/100으로 감속 운행해야 하는 경우는 ☞ 폭우로 가시거리가 100m 이내, 노면이 얼어붙은 때, 눈이 20㎜ 이상 쌓인 때

◆ 중부, 서해안 고속도로를 1.5톤 화물차가 달리고 있을 때 눈이 20㎜ 이상 쌓이면 ☞ 55㎞/h

◆ 앞차와의 안전거리 확보는 ☞ 앞차가 급정지 시 앞차와 충돌을 피할 수 있는 거리

◆ 제동거리는 ☞ 브레이크가 듣기 시작하여 차가 정지할 때까지의 거리

◆ 서행해야 할 장소는 ☞ 신호등이 없는 교차로, 도로가 구부러진 곳, 비탈길의 고갯마루 또는 가파른 비탈길의 내리막

◆ 반드시 일단정지할 장소는 ☞ 좌우를 확인할 수 없는 교차로, 교통이 빈번한 교차로, 적색 등화가 점멸 중인 곳

◆ 유아: 6세 미만, 어린이: 13세 미만

◆ 무단횡단 보행자, 맹인 또는 지체장애인이 도로 횡단 중일 때 ☞ 일단 정지

◆ 좁은 도로에서 보행자 옆으로 통과할 때 ☞ 안전거리 두고 서행

◆ 어린이가 보호자 없이 놀고 있을 때 ☞ 일단정지

◆ 어린이가 도로를 횡단하고 있을 때 ☞ 일단정지

◆ 정차·주차 방법은 ☞ 도로와 평행하게 우측 가장자리 50㎝ 띄우고

◆ 정차·주차금지 장소 ☞ 보도, 교차로, 횡단보도, 철길 건널목

◆ 5m 이내 정차·주차금지 장소는 ☞ 교차로 가장자리, 도로 모퉁이

◆ 10m 이내 정차·주차 금지 장소는 ☞ 횡단보도, 건널목, 안전지대, 버스 정류장 표시주

◆ 주차금지 장소는 ☞ 터널 안, 다리 위

◆ 3m 이내 주차금지 장소는 ☞ 화재경보기

◆ 5m 이내 주차금지 장소는 ☞ 소방용 기계 기구, 소방용 방화물통, 흡 수구, 소화전, 도로 공사 구역 가장자리

◆ 도로 우측 가장자리의 황색 실선은 ☞ 정차·주차금지

◆ 도로 우측 가장자리의 황색 점선은 ☞ 주차금지

◆ 운전자가 현장에 있을 때 주차 단속은 ☞ 경찰공무원(범칙금)

◆ 운전자가 현장에 없는 주차 단속은 ☞ 시·군·구 공무원(과태료)

◆ 주차 위반 시의 견인, 보관비용은 ☞ 소유자 부담

◆ 주차 위반 견인된 차를 찾아가지 않을 때 ☞ 매각 또는 폐차

◆ 철길 건널목 통과 시 ☞ 건널목 진전에서 일단정지(앞차 따라 통과하면 위반)

◆ 간수의 진행 신호 시는 ☞ 일단정지 않고 통과

◆ 철길 건널목 내에서 고장 시 ☞ 승객 대피-철도공무원에 연락-건널목 밖으로 이동

◆ 자동차가 밤에 켜야 하는 등화는 ☞ 전조등, 차폭등, 미등, 번호등, 실내조명등(실내조명등은 승합 및 택시에 한함)

◆ 정차·주차 시 등화는 ☞ 미등, 차폭등(이륜차는 미등만)

◆ 전조등의 불빛은 ☞ 아래(하향)로 유지

◆ 야간 도로에서 증발 현상이 일어나기 쉬운 위치는 ☞ 도로의 중앙선 부근

◆ 승차 정원은 ☞ 등록증에 명시된 인원

◆ 승차 인원은 ☞ 정원의 11할 이내(고속버스 및 화물자동차는 승차 정원 이내)

◆ 적재 기준은 ☞ 자동차 길이: 1/10을 더한 길이, 너비: 후사경 확인 범위, 높이: 지상 4미터

◆ 안전 기준을 넘는 적재 허가는 ☞ 출발지 경찰서장

◆ 적재 초과 허가를 받을 수 있는 경우는 ☞ 분할이 불가능한 화물 적재 시(허가를 받은 경우 빨간 헝겊 부착)

◆ 운전면허 정지 기간 중 운전 행위는 ☞ 무면허 운전

◆ 제1종 보통면허나 제1종 대형면허로 레커를 운전하면 ☞ 무면허 운전

◆ 제1종 대형면허로 250cc나 400cc 이륜차를 운전하면 ☞ 무면허 운전

◆ 운전이 금지되는 혈중알코올농도의 최저 기준은 ☞ 0.05% 이상

　① 사고가 없을 때: 100일간 면허정지(형사입건)

　② 인사사고가 있을 때: 면허취소(형사입건)

　③ 혈중알코올농도 0.1% 이상: 면허취소(형사입건)

◆ 주취 측정 결과 불복 시 ☞ 혈액 채취 방법으로 재측정

◆ 자동차 창유리 가시광선 투과율은 ☞ 앞면 창유리 70% 미만, 운전석 좌우, 뒷면(승용) 창유리의 경우 40% 미만

◆ 운전 중 휴대전화를 사용할 수 있는 경우는 ☞ 정지하고 있는 경우, 긴 급차를 운전하는 경우, 각종 범죄 및 재해 신고 경우, 핸즈프리를 사용 하는 경우

◆ 좌석 안전띠 착용은 ☞ 일반도로 운전자 및 옆 좌석, 고속도로 승차자 전원

◆ 후진할 때에는 ☞ 안전띠를 매지 않아도 됨(비만, 임산부 포함)

◆ 교통안전교육은 ☞ 기능시험에 응시하기 전 실시

◆ 특별한 교통안전교육 중 소양교육은 ☞ 사고 및 음주운전, 법규 위반, 벌점이 40점 이상인 자에 실시

◆ 특별한 교통안전교육(소양교육) 받으면 ☞ 20일 감경(경찰서에 교육 필증 을 제출한 날부터 감경)

◆ 특별한 교통안전교육 실시는 ☞ 도로교통안전관리공단

◆ 고속도로에서 ☞ 갓길 통행금지

◆ 고속도로의 1차로는 ☞ 앞지르기 차로

◆ 편도 4차로 고속도로에서 2차로를 주행할 수 없는 차는 ☞ 1.5톤 초과 화물

◆ 고속도로 버스 전용차로를 통행할 수 있는 차는 ☞ 9인승 승합부터 (9~12인승 차: 6인 이상 승차한 경우)

◆ 고속도로에서 안전거리는 ☞ 100미터 이상

◆ 고속도로에서 횡단, 유턴, 후진이 가능한 경우는 ☞ 도로의 보수, 유지 등 작업차량

◆ 고속도로 운행 중 유턴 사유가 생길 때 ☞ 다음 인터체인지에서

◆ 고속 주행 중 강풍이 불 때 ☞ 핸들을 꼭 잡고 감속

◆ 고속도로에서 고장 시 ☞ 고장 차량 표지판을 100미터 이상 후방

◆ 야간 고장 시 ☞ 100미터 이상 후방 고장 차량 표시, 사방 500미터 지점
에서 식별할 수 있는 적색 섬광 신호등을 200미터 이상 뒤쪽에서 설치

◆ 제2종 보통면허로 운전할 수 있는 차는 ☞ 10인 이하 승용, 승합

◆ 덤프트럭을 운전할 수 있는 면허는 ☞ 제1종 대형면허

◆ 긴급자동차를 운전할 수 있는 면허는 ☞ 제1종 대형면허(12인승 이하 승
용, 승합, 긴급차는 제1종 보통면허)

◆ 제1종 대형면허로 운전할 수 없는 차는 ☞ 트레일러, 레커

◆ 대형면허, 특수면허 응시자격은 ☞ 20세 이상으로 1종이나 2종 보통면
허 소지자, 운전경력 1년 이상

◆ 응시원서 유효기간은 ☞ 최초 필기시험일로부터 1년

◆ 연습면허의 유효기간은 ☞ 1년

◆ 운전면허 결격기간이 가장 긴 사람은 ☞ 교통사고 후 도주자(5년)

◆ 음주운전 3회 이상 교통사고자는 ☞ 3년간 결격기간

◆ 음주운전 3회 이상 면허취소 결격기간은 ☞ 2년간

◆ 적성검사 미필로 면허가 취소된 사람은 ☞ 즉시 응시

◆ 학과시험 합격 점수는 ☞ 1종 70점, 2종 60점

◆ 국제면허증 소지자가 제2종 보통 응시 시는 ☞ 법령, 점검, 기능, 주행
면제

◆ 적성검사, 면허증 갱신기간이 지나서 취소된 자 응시과목은 ☞ 적성,
주행시험

◆ 도로주행교육 10시간 받아야 하는 면허는 ☞ 제1, 2종 보통면허 취득 시

◆ 제1종 면허 적성검사 기간은 ☞ 7년(65세 이상 5년) 3월 이내

◆ 제2종 면허 면허증 갱신주기는 ☞ 9년(적성검사 없음) 3월 이내

◆ 국제면허 유효기간은 ☞ 1년

◆ 교통사고 야기 도주는 ☞ 면허취소

◆ 음주 측정 거부는 ☞ 면허취소

◆ 단속 경찰 공무원을 폭행하여 구속된 때 ☞ 면허취소(형사입건, 불구속

된 때: 면허정지 90일)

◆ 면허증 갱신을 받지 아니하고 1년 경과 시 ☞ 110점

◆ 혈중알코올농도 0.05~0.1% 미만은 ☞ 100점

◆ 속도 40㎞/h 초과, 중앙선 침범, 고속도로 갓길, 버스 전용 차로, 운전

면허증 제시 위반 시 ☞ 30점

◆ 속도 20㎞/h 초과 40㎞/h 이하, 신호·지시 위반, 운전 중 휴대전화 사

용 시 ☞ 15점

◆ 누산 점수는 ☞ 3년간 관리

◆ 1년간 누산 벌점이 ☞ 121점(2년간 201점, 3년간 271점) 이상이면 면허취소

◆ 벌점 소멸기간은 ☞ 1년(40점 미만인 경우)

◆ 범칙금 1차 납부기간은 ☞ 10일 이내

◆ 범칙금 2차 납부기간에 추가 가산금액은 ☞ 100분의 20

◆ 범칙금을 기한 내에 납부하지 못한 때 ☞ 즉결심판 받음(60일 내), 범칙

금에 100분의 50을 더 납부한 때 집행을 면제

◆ 범칙금 납부통고서 분실한 때 ☞ 단속 시 경찰서에서 재발급

◆ 매시 40㎞ 초과 범칙금(승용)과 벌점은 ☞ 9만 원, 30점

◆ 매시 20~40㎞ 범칙금(승용)과 벌점은 ☞ 6만 원, 15점

◆ 승용차 휴대전화 사용 범칙금과 벌점은 ☞ 6만 원, 15점

◆ 노상 시비, 다툼 범칙금 및 벌점은 ☞ 4만 원, 10점(승용)

◆ 승용차가 고속도로 버스 전용 차로를 통행하다가 무인 단속 장비에 단속되면 ☞ 과태료 9만 원

◆ 안전띠 미착용은 ☞ 과태료 3만 원

◆ 장애인 전용 주차장에 일반 차량이 주차했을 때는 ☞ 과태료 부과

◆ 교통사고 시 조치는 ☞ 즉시 정차 → 사상자 구호 → 경찰 신고

◆ 인공호흡 실시는 ☞ 호흡은 없으나 맥박이 있을 때

◆ 심폐소생술 실시는 ☞ 호흡과 맥박이 둘 다 없을 때

◆ 교통사고로 업무상 과실 또는 중대한 과실로 사상한 때 ☞ 5년 이하 금고, 2천만 원 이하 벌금

◆ 합의하여도 공소권이 있는 사고는 ☞ 사망사고, 중요 10개 항목

◆ 중요 10개 항목 위반으로 교통사고를 일으켰을 때 ☞ 형사입건 처리(합의에 관계없이)

◆ 경제속도는 ☞ 일반도로 40㎞/h, 고속도로 80㎞/h

◆ 에어컨 사용은 ☞ 20% 더 소비한다.

◆ 연료를 절약하기 위해 ☞ 대중교통을 이용

◆ 빗길 물 위 떠서 가는 현상은 ☞ 수막현상

◆ 마찰열로 브레이크 파이프에 기포가 발생, 제동력의 저하 ☞ 베이퍼 록 현상

◆ 페이드 현상은 ☞ 마찰부가 과열되어 제동력이 저하

◆ 눈, 비 등 미끄러운 길에서 정차 시 ☞ 엔진 브레이크로 속도를 줄인 다음 풋 브레이크

◆ 빙판길에서 출발 시 ☞ 2단 반클러치

◆ 임시 운행 유효기간 ☞ 10일

◆ 자동차 소유자의 명의를 변경하는 등록은 ☞ 이전등록

◆ 차주 주소지 변경 등록은 ☞ 전입신고일 부터 15일 이내

◆ 중고차란 ☞ 신규 등록하여 성능을 유지할 수 없을 때까지

◆ 정기검사 ☞ 신규 등록 후 일정기간마다 정기적으로 실시하는 검사(유

효기간 전후 3일)

# ◈ 공무원 음주운전 적발 사례

사례 1.

⊗⊗국 ○○과 ☆○○(9급 2호봉)은 '14.04.00. 주취 상태에서 본인 소유의
☆☆ 차량으로 □□에서 △△방면으로 운전하다 순찰 중인 경찰관에게 적
발(혈중알콜농도 0.145%)

□ 조치 사항

○ 징계의결 요구: 감봉 이상

➡ 「지방공무원법」제55조 품위유지의 의무를 위반하였으므로 「용인시 지
방공무원 징계 양정에 관한 규칙」제2조(징계 또는 징계부가금의 기준) 1항
[별표2](징계양정에 관한 개별기준)에 의거 문책

○ 음주운전 「제로화」 캠페인 실시: 5일(0.10% 이상, 면허취소에 준함)

➡ 시청 정문 출입구 등 지정된 장소에서 신고기간 동안 08:00부터 09:00
까지 캠페인 실시(피켓, 어깨띠 착용)

○ 공익봉사 실시: 5일(징계의 종류에 따라 봉사기간 적용, 1일 6시간 기준)

➡ 1365 자원봉사포털(www.1365.go.kr)에 접속 및 회원가입 후 수요처 프
로그램 중 봉사 장소 및 시간 선택하여 봉사 실시

○ 연대(공동) 책임제 적용: 해당 부서 2014년 청렴도 평가 최하위 평정

□ 음주운전 금전 피해액 산출내역(9급 2호봉)

(단위: 원)

| 구 분 | | 감봉 1월 기준<br>(9급, 2호봉) | 비 고 |
|---|---|---|---|
| 합 계 | | 10,709,990 | |
| 형벌 | 벌 금 | 3,000,000 | 0.1%~0.2%<br>300만 원~500만 원 |
| 수당 등<br>급여 | 본 봉 | 430,160 | |
| | | 1,290,500 * 1/3 * 1월 | |
| | 정근수당 | 258,100 | |
| | | 1,290,500 * 0.2 | |
| | 승급제한 피해액 | 3,960,000 | 승급제한기간13월<br>산입시기: 5년 경과 |
| | | 66,000 * 60월 | |
| | 성과상여금<br>(S등급 기준) | 2,881,730 | 2014년<br>상여금 기준 |
| 복지제도 | 복지포인트 | 180,000 | 기본포인트 30% 감액 |
| | | 600,000 * 0.3 | |

사례 2.

⊗⊗국 ○○과 ☆○○(9급 3호봉)은 '13.12.28. 01:00경 혈중알콜농도 0.122% 주취 상태에서 본인 소유의 ☆☆ 차량으로 운전하다 신호 대기 중이던 차량 후미를 접촉하는 사고로 경찰관에게 적발

□ 조치 사항

○ 징계의결 요구: 감봉 이상

➡ 「지방공무원법」제55조 품위유지의 의무를 위반하였으므로 「용인시 지방공무원 징계 양정에 관한 규칙」제2조(징계 또는 징계부가금의 기준) 1항 [별표2](징계양정에 관한 개별기준)에 의거 문책

○ 음주운전 「제로화」 캠페인 실시: 5일(0.10% 이상, 면허취소에 준함)

➡ 시청 정문 출입구 등 지정된 장소에서 신고기간 동안 08:00부터 09:00 까지 캠페인 실시(피켓, 어깨띠 착용)

○ 공익봉사 실시: 5일(징계의 종류에 따라 봉사기간 적용, 1일 6시간 기준)

➡ 1365 자원봉사포털(www.1365.go.kr)에 접속 및 회원가입 후 수요처 프로그램 중 봉사 장소 및 시간 선택하여 봉사 실시

○ 연대(공동) 책임제 적용: 해당 부서 2014년 청렴도 평가 최하위 평정

□ 음주운전 금전 피해액 산출내역(9급 3호봉)

(단위: 원)

| 구 분 | | 감봉 1월 기준<br>(9급, 3호봉) | 비 고 |
|---|---|---|---|
| 합 계 | | 10,893,230 | |
| 형벌 | 벌 금 | 3,000,000 | 0.1%~0.2%<br>300만 원~500만 원 |
| 수당 등<br>급여 | 본 봉 | 452,400 | |
| | | 1,357,200 * 1/3 * 1월 | |
| | 정근수당 | 271,440 | |
| | | 1,357,200 * 0.2 | |
| | 승급제한 피해액 | 4,200,000 | 승급제한기간13월<br>산입시기: 5년 경과 |
| | | 70,000 * 60월 | |
| | 성과상여금<br>(S등급 기준) | 2,789,390 | 2013년<br>상여금 기준 |
| 복지제도 | 복지포인트 | 180,000 | 기본포인트 30% 감액 |
| | | 600,000 * 0.3 | |

사례 3.

⊗⊗국 ○○과 ☆○○(7급 10호봉)은 '14.01.06. 23:55경 주취 상태에서 본인 소유의 ☆☆ 차량으로 운전하다 정차 중이던 차량 후미를 추돌하는 교통사고로 신고되어 출동한 경찰관의 음주 측정 요구에 응하지 아니하여 음주 측정 거부로 적발

□ 조치 사항

○ 징계의결 요구: 감봉 이상

➡ 「지방공무원법」제55조 품위유지의 의무를 위반하였으므로 「용인시 지방공무원 징계 양정에 관한 규칙」제2조(징계 또는 징계부가금의 기준) 1항 [별표2](징계양정에 관한 개별기준)에 의거 문책

○ 음주운전 「제로화」 캠페인 실시: 5일(0.10% 이상, 면허취소에 준함)

➡ 시청 정문 출입구 등 지정된 장소에서 신고기간 동안 08:00부터 09:00까지 캠페인 실시(피켓, 어깨띠 착용)

○ 공익봉사 실시: 5일(징계의 종류에 따라 봉사기간 적용, 1일 6시간 기준)

➡ 1365 자원봉사포털(www.1365.go.kr)에 접속 및 회원가입 후 수요처 프로그램 중 봉사 장소 및 시간 선택하여 봉사 실시

○ 연대(공동) 책임제 적용: 해당 부서 2014년 청렴도 평가 최하위 평정

□ 음주운전 금전 피해액 산출내역(7급 10호봉)

| 구 분 | | 감봉 1월 기준<br>(7급, 10호봉) | 비 고 |
|---|---|---|---|
| 합 계 | | 12,850,670 | |
| 형벌 | 벌 금 | 5,000,000 | 0.1%~0.2%<br>300만 원~500만 원 |
| 수당 등<br>급여 | 본 봉 | 754,060 | |
| | | 2,262,200 * 1/3 * 1월 | |
| | 정근수당 | 1,131,100 | |
| | | 2,262,200 * 0.5 | |
| | 정근수당 가산금 | 16,660 | 근무연수<br>5년 이상 10년 미만 |
| | | 50,000 * 1/3 | |
| | 가족수당 | 20,000 | 배우자, 자녀 |
| | | 60,000 * 1/3 | |
| | 승급제한 피해액 | 1,800,000 | 승급제한기간13월<br>산입시기: 5년 경과 |
| | | 30,000 * 60월 | |
| | 성과상여금<br>(S등급 기준) | 3,948,850 | 2013년<br>상여금 기준 |
| 복지제도 | 복지포인트 | 180,000 | 기본포인트 30% 감액 |
| | | 600,000 * 0.3 | |

사례 4.

⊗⊗국 ○○과 ☆○○(7급20호봉)은 '14.00.00. 주취 상태에서 본인 소유의 ☆☆ 차량으로 □□에서 △△방면으로 운전하다 음주 단속 중인 경찰관에게 적발(혈중알콜농도 0.053%)

□ 조치 사항

○ 징계의결 요구: 견책 이상

➡ 「지방공무원법」제55조 품위유지의 의무를 위반하였으므로 「용인시 지

방공무원 징계 양정에 관한 규칙」제2조(징계 또는 징계부가금의 기준) 1항 [별표2](징계양정에 관한 개별기준)에 의거 문책

○ 음주운전「제로화」캠페인 실시: 3일(0.05% 이상 ~ 0.1% 미만, 면허정지)

➡ 시청 정문 출입구 등 지정된 장소에서 신고기간 동안 08:00부터 09:00 까지 캠페인 실시(피켓, 어깨띠 착용)

○ 공익봉사 실시: 3일(징계의 종류에 따라 봉사기간 적용, 1일 6시간 기준)

➡ 1365 자원봉사포털(www.1365.go.kr)에 접속 및 회원가입 후 수요처 프로그램 중 봉사 장소 및 시간 선택하여 봉사 실시

○ 연대(공동) 책임제 적용: 해당 부서 2014년 청렴도 평가 최하위 평정

□ 음주운전 금전 피해액 산출내역(7급 20호봉)

(단위: 원)

| 구 분 | | 견책 기준<br>(7급, 20호봉) | 비 고 |
|---|---|---|---|
| 합 계 | | 8,252,310 | |
| 형벌 | 벌 금 | 1,000,000 | 0.1%~0.2%<br>300만 원~500만 원 |
| 수당 등<br>급여 | 정근수당 | 1,432,600 | 10년 이상 |
| | | 2,865,200 * 0.5 | |
| | 승급제한 피해액 | 1,620,000 | 승급제한기간6월<br>산입시기: 3년 경과 |
| | | 45,000 * 36월 | |
| | 성과상여금<br>(S등급 기준) | 4,079,710 | 2014년<br>상여금 기준 |
| 복지제도 | 복지포인트 | 120,000 | 기본포인트 20% 감액 |
| | | 600,000 * 0.2 | |

사례 5.

⊗⊗국 ○○과 ☆○○(6급23호봉)은 '13.06.19. 19:00경 혈중알콜농도 0.125% 주취 상태에서 본인 소유의 ☆☆ 차량으로 □□에서 △△방면으로 운전하다 접촉사고로 경찰관에게 적발

□ 조치 사항

○ 징계의결 요구: 감봉 이상

➡ 「지방공무원법」제55조 품위유지의 의무를 위반하였으므로 「용인시 지방공무원 징계 양정에 관한 규칙」제2조(징계 또는 징계부가금의 기준) 1항 [별표2](징계양정에 관한 개별기준)에 의거 문책

○ 음주운전 「제로화」 캠페인 실시: 5일(0.10% 이상, 면허취소)

➡ 시청 정문 출입구 등 지정된 장소에서 신고기간 동안 07:30부터 08:30까지 캠페인 실시(피켓, 어깨띠 착용)

○ 공익봉사 실시: 5일(징계의 종류에 따라 봉사기간 적용, 1일 6시간 기준)

➡ 1365 자원봉사포털(www.1365.go.kr)에 접속 및 회원가입 후 수요처 프로그램 중 봉사 장소 및 시간 선택하여 봉사 실시

○ 연대(공동) 책임제 적용: 해당 부서 2013년 청렴도 평가 최하위 평정

□ 음주운전 금전 피해액 산출내역(6급 23호봉)

(단위: 원)

| 구 분 | | 감봉 1월 기준<br>(6급, 23호봉) | 비 고 |
|---|---|---|---|
| 합 계 | | 12,884,700 | |
| 형벌 | 벌 금 | 3,500,000 | 0.1%~0.2%<br>300만 원~500만 원 |
| 수당 등<br>급여 | 본 봉 | 1,078,600 | |
| | | 3,235,800 * 1/3 * 1월 | |
| | 정근수당 | 1,617,900 | 10년 이상 |
| | | 3,235,800 * 0.5 | |
| | 정근수당 가산금 | 43,330 | 근무연수 25년 이상 |
| | | 130,000 * 1/3 | |
| | 가족수당 | 20,000 | 배우자 및 자녀 |
| | | 60,000 * 1/3 | |
| | 승급제한 피해액 | 1,800,000 | 승급제한기간13월<br>산입시기: 5년 경과 |
| | | 30,000 * 60월 | |
| | 성과상여금<br>(S등급 기준) | 4,644,870 | 2013년<br>상여금 기준 |
| 복지제도 | 복지포인트 | 180,000 | 기본포인트 30% 감액 |
| | | 600,000 * 0.3 | |

# 참고문헌

● 건설교통부, 『도로용량편람』, 건설도서, 1992년.
● 건설교통부, 『도로의 구조 시설 기준에 관한 규칙 해설』, 대한토목학회, 2009년.
● 박창호, 『교통공학개론』, 영지문화사, 2000년.
● 원제무, 『도시교통론』 4판, 박영사, 2012년.
● 원제무 『알기쉬운 도시교통』, 세진사, 2012년.
● 윤대식, 『교통수요분석』, 박영사, 2010년.
● 법무부, 행정자치부, 국토교통부 각 사이트
● 법제처, 경찰청, 통계청 각 사이트